어린이를 위한 뇌과학 프로젝트

정재승의 인간탐구보고서

기획 정재승 | 글 정재은 이고은 | 그림 김현민

아울북

차례

<인간 탐구 보고서>를 시작하며 **6**
　청소년들에게 '호모 사피엔스 뇌의 경이로움'을 일깨워 주었으면

등장인물 소개 12

프롤로그 16
　외계인과 말이 통하려면

뇌가 말랑해지는 시간 140

8권 미리보기 161

1 루나의 떨림 ······ 22
지구인들은 잠시도 입을 쉬지 않는다
　보고서 39 지구인의 언어는 공기의 진동이다

2 없지만 있는 손님 ······ 41
알면 알수록 모르겠는 지구인의 거짓말
　보고서 40 지구인은 거짓말의 달인이다

3 지구 동물 탐사의 날 ······ 57
인간의 언어는 동물의 언어와 다르다
　보고서 41 지구인의 놀라운 언어 능력에 대한 탐구

4 가짜 사장님 79
지구인은 근사해 보이려고 허풍을 친다
보고서 42 지구인은 속고 속이며 진화했다

5 비밀은 없다 101
지구인의 이야기는 앞뒤가 다르다
보고서 43 지구인에게 가장 인기 있는 이야기

6 유에프오를 잡아라 119
지구인들은 일부러 부정확하게 말한다
보고서 44 지구인을 속이는 방법

7 한밤의 구출 작전 141

펴내는 글

<인간 탐구 보고서>를 시작하며

청소년들에게 '호모 사피엔스 뇌의 경이로움'을 일깨워 주었으면

어린이와 청소년들에게 단 한 권의 책을 읽혀야 한다면, 그것은 '우리들에 대한 과학'이어야 한다고 생각합니다. 우리 인간이 왜 이렇게 행동하고 생각하는지 '마음의 과학'을 일러 주어야 한다고 말입니다. 어린 시절 우리가 무척 궁금해하고 고민하는 대부분의 것들은 바로 나와 가족, 친구들, 그리고 이웃들의 마음에서 비롯된 것들이니까요.

왜 엄마가 하지 말라는 행동은 더 하고 싶은 걸까요? 아빠가 형이나 오빠를 더 챙기면 질투가 나서, 왜 형까지 미운 걸까요? 왜 시험 때만 되면 교과서 말고 다른 책들이 더 읽고 싶어지는지, 왜 좋아하는 여학생은 더 잘 대해 주어야 하는데 오히려 놀리고 싶은지, 정말 궁금하지요.

어린이들에게 마음의 과학을

마음을 탐구하는 학문인 뇌과학과 심리학은 인간의 사고, 판단, 행동에 대한 가장 흥미로운 설명을 우리들에게 들려줍니다. 지난 150년 간 신경과학자들과 심리학자들은 '인간 뇌가 어떻게 작동하여 마음

이란 걸 만들어 냈는지' 꽤 많은 걸 밝혀냈습니다. 초등학교와 중학교에 다니는 학생들에게 다른 나라 언어나 복잡한 수학 공식을 가르쳐 주는 것도 필요하지만, '마음의 과학'을 가르쳐 주는 것이 가장 중요합니다. 나는 누구이며, 우리는 어떤 존재인지, 인간사회는 왜 이렇게 돌아가는지에 대해 과학자들이 밝혀낸 사실들을 아이들에게 알려 주어야 합니다. 그게 우리에게 진짜 유익한 지식이니까요.

그런데 놀랍게도, 우리나라는 고등학교를 졸업할 때까지 뇌과학이나 심리학을 배울 기회가 거의 없습니다. 생물 시간에 잠깐, '우리 뇌는 뉴런이라는 신경 세포들이 시냅스로 연결된 거대한 그물망(네트워크)이며, 뉴런들이 서로 전기 신호를 주고받으면서 놀라운 정신 작용을 만들어 낸다.'는 것 외에는 세상이 아이들에게 '뇌와 마음'에 대해 가르쳐 주지 않습니다.

제게는 딸 셋이 있습니다. 초등학교에 다니는 저희 딸아이들을 위해 제가 책을 한 권 낼 수 있다면, '어린이와 청소년들을 위한 뇌과학' 책이어야 한다고 생각했습니다. 그렇게 해서 이 책이 탄생하게 됐습니다. 무려 10년 전부터 준비했던 이 책이 여러 우여곡절을 거쳐 드디어 근사한 모습으로 빛을 보게 된 것입니다. 바라건대, 이 책이 혼란스러운 어린 시절과 고민 많은 사춘기를 관통하게 될 모든 10대들에게

'나에 대한 친절한 가이드북'이 되었으면 합니다. 뇌과학과 심리학이 그들을 유익한 방황과 진지한 성찰로 인도해 줄 겁니다.

인간의 일상을 낯설게 관찰하기

이 책은 외계인의 시선으로 인간을 탐구하는 흥미로운 이야기입니다. 아우레 행성으로부터 외계 생명체 아싸, 바바, 오로라, 라후드가 지구로 찾아옵니다. 아우레에서 더 이상 살 수 없게 되자, 이주할 외계 행성을 찾기 위해 지구에 파견 온 그들은 지구의 지배자인 인간들을 관찰합니다. 우리 인간들을 물리치고 지구를 점령할지, 인간들과 공존하며 지구에서 함께 살지 알아보기 위해 말입니다.

호모 사피엔스를 처음 만난 아우린들에게는 인간의 모든 행동 하나하나가 흥미로운 관찰 대상입니다. 얼굴에 옹기종기 모여 있는 눈, 코, 입의 형상에 지나치게 집착하는 것도 흥미롭고, 기억력도 자신들에 비해 부실하고, 불쑥불쑥 화를 내며 충동 억제를 잘 못하는 인간들이 그저 신기하기만 합니다. 그러면서도 그들은 자신들을 '현명한 동물(Homo sapiens, 호모 사피엔스)'이라고 부르니 말입니다. 전혀 합리적으로 행동하지 않는 우리 호모 사피엔스들이 그들에겐 그저 어리석게만 보일 뿐입니다. 하지만 그들이 우리를 점점 알아 가면서 우리

인간들의 장점도 파악하겠지요? 기대해 봅니다.

아이들은 이 책의 첫 페이지를 열면서 외계인의 시선으로 인간을 바라보는 생경한 경험을 하게 될 것입니다. 아싸와 아우레 탐사대처럼 인간을 관찰한 후 '탐구 보고서'를 아우레 행성으로 보내는 과정에 동참할 것입니다. 이 과정을 통해 아이들은 우리들의 평범하고 당연한 일상을 낯설게 바라보는 경험을 하게 될 것입니다. 마치 우리가 곤충을 관찰하고 기록 일기를 쓰듯이, 인간의 일상을 관찰하고 탐구 보고서를 쓰면서 우리를 돌아보게 될 것입니다.

인간이라는 사랑스럽고 경이로운 생명체

그 과정에서 아이들은 우리 인간을 비로소 '이해'하게 될 것입니다. 외계 생명체 라후드처럼 '인간은 정말 이해 못 할 이상한 동물'이라고 여겼다가, 점점 우리들을 이해하게 될 것입니다. 방금 본 것도 잘 기억하지 못할 정도로 호모 사피엔스의 기억 중추는 턱없이 부실하지만, 그렇기에 우리는 부실한 기억 중추를 만회하려고 '반드시 기억해야 할 것이 무엇인지, 소중한 것이 무엇인지 판단하는 능력'을 얻게 됐는데, 그것이 우리를 더 근사한 존재로 만든다는 것을 깨닫게 되지요. 친구가 산 옷이면 나도 사고 싶고, 형이 먹는 걸 보면 배가 고프지 않아도 나도 먹고 싶고, 동생이 우는 것만 봐도 나도 그냥 눈물이 날 정도로 우리 인간들은 '이상한 따라쟁이'입니다. 하지만 그 덕분에 다른 사람의 감정에 공감하며 슬픔을 함께 극복하고 힘든 역경을 이겨 낼 수 있다는 걸 깨닫게 됩니다. 아싸와 아우레 탐사대가 그렇듯, 우리 어린이들도 이 책을 읽으면서 인간 존재의 신비로움을 깨닫게 될 것입니다.

그러면서 결국 외계 생명체 아우린들이 '인간이 얼마나 사랑할 만한 존재'인지 알아주었으면 합니다. 무지 비합리적이고 종종 충동적이며 때론 폭력적이기까지 한 존재이지만, 인간 내면의 실체를 모두 알게 되면, 우리 호모 사피엔스가 얼마나 사랑스러운 존재인지 깨달았으면 좋겠습니다. 아우레 행성의 외계 생명체들이 제발 우리를 지배하려 하지 말고, 우리 인간들의 사랑스러운 매력에 빠져 주길 희망합니다.

무엇보다도, 인간의 뇌는 이성과 감성이라는 두 말이 이끄는 쌍두마차로서, 우리가 사는 세상을 좀 더 근사한 곳으로 만들기 위해 끊임없이 애쓰는 경이로운 기관임을 그들이, 아니 어린 독자들이 알아주었으면 합니다. 우리는 과학이라는 정교한 현미경을 가지고 있으면서도, 동시에 예술이라는 풍성한 악기도 가지고 있는 놀라운 생명체라는 사실 말입니다. 바티칸 시스티나 성당의 '천지창조'를 그릴 정도로

풍부한 감성을 가졌으면서도, 동시에 우주가 빅뱅에 의해 138억 년 전에 탄생했다는 사실을 밝혀낸 이성적인 존재라는 사실 말입니다.

인간의 숲으로 도전적인 탐험을!

인간의 실체가 모두 속속들이 밝혀질 때까지, 아싸와 아우레 탐사대의 '인간 탐구 보고서'는 아우레 행성을 향해 끊임없이 발신될 것입니다. 호모 사피엔스의 뇌가 가진 경이로운 능력, 사랑스러운 매력이 외계 생명체들에게 충분히 이해될 때까지 보고서는 결코 멈추지 않을 것입니다. 그 과정에서 우리 어린이들 또한 인간에 대한 이해가 깊어지겠지요? 외계 생명체 아우린들이 흥미롭게 써 내려간 '인간 탐구 보고서'에서 어린이들과 청소년들이 나를 발견하는 놀라운 경험을 하게 되길 진심으로 기대합니다. 사실 인간 탐구 보고서는 인간 사회를 지배하기 위해 아우레 행성의 정복자들이 작성한 무시무시한 보고서가 아니라, 인간이라는 숲을 탐색하는 외계 탐험가의 도전적인 보고서이기 때문입니다. 자, 이제 그들의 인간 탐험을 흥미롭게 함께해 주시길!

정재승 (KAIST 뇌인지과학과+융합인재학부 교수)

등장인물 아우레인

아싸

최고의 이성을 지닌 천재 과학자.
하필 어린 지구인 슈트를 입는 바람에
학교에서 시끄러운 지구인 어린이들에게
시달리고 있다. 특유의 차가운 표정으로,
언제나 정확하게 사실만 말한다.
때로는 정이 떨어질 만큼 매정한데도
어린 지구인들은 아싸 곁을 떠나지 않는다.
지구인은 잘 포장된 거짓말을 좋아한다던데,
대체 왜 이러지?

바바

뭐든지 뚝딱뚝딱 만들어 내는
아우레 행성의 엔지니어.
최근 지구인의 기억에 관련된
새로운 장치를 개발했다.
이걸 '이 사람'한테 쓰게 될 줄은 몰랐지만.
언제나 최선의 선택을 하는 아우린은
'후회'를 안 하지만, 고양이 슈트가 아닌
개 슈트를 만든 것을 지금까지 후회한다.

오로라

뛰어난 무술 실력을 지닌 아우레 행성의 듬직한 군인.
주특기는 발차기. 오차 없는 시력으로
적의 위치를 파악하여 한 발에 해치운다.
하지만 자신의 시력을 너무 믿었던 걸까?
어느 날 지구인의 눈에만 보이는 수상한 손님을 만난다.
오로라에게는 보이지도 않는 이 손님은 정리왕
오로라의 미용실을 어지럽히기까지 하는데…?

라후드

어느새 지구가 아우레의 집처럼 편해진
외계문명탐구클럽의 회장. 주말에는 소파와 꼭 붙어
떨어지지 않는다. 드라마를 많이 봐서 그런지
지구인과의 의사소통 능력이 매우 뛰어나다.
유에프오 카페에서 일하던 중 아우린의 안전을
위협할 무시무시한 정보를 입수한다.
얼른 대피해야 하는데, 탕탕면이 자꾸만 눈에 밟힌다.

루나

아우레 탐사대의 판단 능력을 의심해
지구로 날아온 아우레 행성의 지도부.
어린 지구인들의 목소리 주파수와 말랑말랑
젤리 피부가 맞지 않아, 몸이 근질근질 괴롭다.
아우레 담사대에게 일어나는 모든 문제를
지구인 제거로 단순하게 해결하려 한다.
다른 탐사대원들의 이성을 의심하며
대원들 몰래 음모를 꾸미고 있다.

등장인물 지구인

위니 원장
미용실의 거짓말 달인. 오로라의 보고에 따르면, 위니 원장이 하는 말 중 70%는 거짓말. 위니 원장은 도대체 무엇을 위해 진실을 숨기고 거짓말을 많이 할까?

유니
친구를 너무 좋아하고, 조잘조잘 수다 떨기를 좋아하는 중학교 2학년. 말을 너무 많이 하다 보니 말실수도 너무 많이 하는 게 흠!

루이
후회할 걸 알면서도 허풍을 떨고 마는 편의점 아르바이트생. 동생 다음으로 소중한 자동차에 라후드 일행을 태웠다가 수상한 사건에 말려든다.

줍줍 여사
드라마는 여럿이 같이 봐야 더 재미있다는 독특한 드라마 철학을 가진 줍줍 여사. 드라마 속 악당 배우를 실제로 만나면 혼내 주겠다고 큰소리를 땅땅 치는데, 과연…?

보스
외계인을 잡기 위해서라면 앞뒤 가리지 않는 외계인 추적자의 대장. 유에프오를 찾기 위해서라면 어떤 위협 앞에서도 강력한 카리스마를 내뿜는다.

검은 양복
검은 선글라스를 끼고, 검은 옷을 입고, 어두운 분위기를 풍기는 보스의 부하. 겉보기와는 다르게 과속도, 싸움도 무서워한다.

재수
몇 마디 말로 사람의 기분을 상하게 하는 쓸데없는 재주가 있는 루이의 고등학교 동창. 갑자기 루이네 동네로 찾아와 보스의 뒤를 캐는 이유는?

콩 박사
전파 연구소의 연구원이자 보스의 스파이. 보스의 명령에 따라 국가의 정보국으로부터 유에프오를 빼돌리기로 한다. 과연 유에프오에는 보스가 찾던 외계인이 있을까?

/프롤로그\

외계인과
말이 통하려면

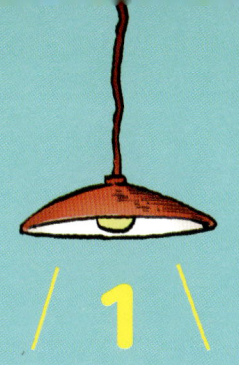

1

루나의 떨림

지구인들은 잠시도 입을 쉬지 않는다

'학교에서 지구인과 접촉하지 않기.'

아우레에서 가장 뛰어난 이성의 소유자인 아싸가 지구에서 가장 골똘히 생각하는 문제다. 좁은 교실 공간에서 어디로 튈지 모르는 지구인들과 함께 있어야 하기에…….

'청각 기능을 끈다.'

시끌벅적한 지구인의 말소리가 멀어지자 아싸는 실제로 지구인과 멀어진 것 같았다.

아싸는 눈을 번쩍 떴다. 착각은 불완전한 감각을 가진 지구인에게나 일어나는 일이다. 우주 최고의 이성을 가진 완벽한 아우린에게 착각이라니. 루나가 알면 '아싸의 이성은 지구인에게 오염되었음.'이라고 당장 행성으로 보고서를 보낼 일이다.

다행히 루나는 눈치채지 못했다.

《루나, 그만. 지구인의 관심을 끌지 마라.》

아싸는 루나를 쳐다보며 아우린 텔레파시를 쏘았다.

《지구인에겐 안 보임.》

루나도 아우린 텔레파시로 대답했다. 지구인 슈트 밑으로 근질거리는 젤리 피부를 부르르 떨면서.

《그래도 조심해.》

《안 들킴. 지구인의 시각은 불완전.》

아싸와 루나는 지구인에게는 보이지도 않고, 들리지도 않고, 냄새도 나지 않는 아우린 텔레파시로 의견을 나눴다.

갑자기 민재가 아싸의 팔을 톡 쳤다.

아싸는 깜짝 놀랐다. 민재가 어떻게 알았지? 지구인에게 아우린 텔레파시를 알아채는 능력이 있나?

"한 것 같은데? 막 쳐다보면서……."

"안 했다. 안 봤다."

민재는 수상한 눈길을 거두지 않았다. 민재의 의심을 피하기 위해 아싸는 루나의 반대쪽으로 고개를 돌리며 청각 기능을 다시 키웠다. 보지 않고도 루나를 감시하기 위해.

학교에 있는 동안 루나의 피부는 혹사당했다. 어린 지구인들이 조잘거릴 때마다 젤리 피부가 포르르 떨리며 지구인 슈트와 마찰을 일으켜 불편하고, 불쾌하고, 쓰라렸다. 루나의 고통을 없앨 최고의 방법은 어린 지구인들 제거. 하지만 어린 지구인들을 모조리 제거하면 어른 지구인들이 외계인 수색에 나설 것이다. 외계인들이 어린이들을 납치한다고 믿는 지구인들이 많기 때문이다.

루나는 어린이들이 아니라 그들의 말소리만 없애야 했다.

"아싸, 지구인의 말을 멈추게 할 방법이 뭔가?"

"없다."

아싸는 딱 잘라 말했다.

루나의 피부가 안전한 장소는 임시 본부뿐이다. 외출했다 돌아갈 때면 루나의 발걸음은 저절로 빨라졌다. 하지만 줍줍 할매와 써니가 종종 루나의 안전을 위협했다.

루나는 본부의 현관문을 열기도 전에 지구인의 침입을 알아챘다.

"드라마는 간식 먹으면서 여럿이 같이 봐야지."

"라후드 아저씨랑 보면 이상하게 더 재밌어요."

문밖까지 새어 나오는 시끌시끌한 말소리 때문이었다.

두 사람은 아우린 본부가 자기 집인 양 루나에게 말을 걸었다. 지구인의 언어 규칙! 상대방이 말을 걸면, 특히 질문을 하면 잘 듣고 대답해야 한다.

"줌줌 할머니, 네. 루나 이제 옴. 써니, 루나는 당번 아님. 두 사람은 언제 돌아감?"

루나는 지구인의 언어 규칙에 따라 충실하게 대답하고, 자신도 질문했다. 이제 지구인들이 대답할 차례.

지구인 줍줍과 써니는 지구 언어의 기본 법칙을 완전히 무시했다. 루나의 말을 제대로 듣지도 않고, 대답도 안 했다. 자신들이 하고 싶은 말만 계속했다. 루나는 이해할 수 없었다. 지구인 언어는 의사소통을 위한 도구가 아닌가?

줍줍과 써니는 다시 드라마에 빠져들었다. 라후드도 눈을 반짝이며 지구 문명 탐구에 열중했다. 루나도 그들 옆으로 다가갔다. 지구인들의 목소리는 괴롭지만 기회가 있을 때 비밀 임무를 수행해야 한다. 라후드가 지구인에 의해 얼마나 오염되었는지 파악하는 임무. 라후드 때문에 아우레 행성에는 지구에 열광하는 아우린들이 많아졌고, 행성 지도부의 지구 접수 계획이 보류되었기 때문이다.

라후드는 루나가 온몸의 감각을 곤두세워 감시하는 줄도 모르고 드라마에 집중했다.

　줌줌과 써니는 함께 드라마를 보며 말을 많이 했다. 의사소통을 위한 대화는 아니었다. 각자 하고 싶은 말만 했다. 지구인의 언어는 의사소통보다 자기주장인가?

　갑자기 유니가 헐레벌떡 뛰어 들어왔다.

　"할머니, 써니! 집 앞에서 드라마 촬영해."

　드라마에 빠져 자기 할 말만 하던 지구인들이 서둘러 뛰쳐나갔다.

루나는 치킨 두 조각과 비빔국수 두 젓가락을 억지로 먹어 치우고 나서야 줌줌에게 풀려났다.

"안 먹는다고 열 번 말했지만 통하지 않음. 지구인의 언어를 이해하는데도 지구인과 이성적인 대화가 불가능한 이유는?"

탐사대도 아직 그 이유를 몰랐다. 자기만의 방식으로 지구인 언어에 적응하고 있을 뿐.

"안 돼. 그러다 외계인이라고 의심받는다."

라후드는 탐사대의 지구 언어 대응 방식에 반대했다.

"아우린의 안전을 위해 더 좋은 방법을 알려 주겠다. 지구인이 말할 때는 지구인과 똑같이 하면 된다. 듣는 척하면서 내가 하고 싶은 말만 하기."

역시 라후드는 지구 문명 전문가다웠다.

보고서 39
지구인의 언어는 공기의 진동이다

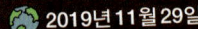 2019년 11월 29일   아우레 7385년 31월 59일   작성자: 루나

지구 사건 개요

* 지구인 말소리의 진동은 젤리형 피부를 가진 아우린에게 매우 해로움. 지구인 변신 슈트에 모양을 자유자재로 바꾸는 것뿐만 아니라, 공기의 진동을 막아 낼 수 있는 장치도 추가해야 함.
* 지구인들은 모이기만 하면 말을 해서 음파를 일으킴. 텔레비전 속 지구인과 텔레비전을 보는 지구인의 음파가 섞여, 누가 무슨 말을 했는지 구분되지 않는 경우도 많음. 그러나 지구인들은 이때도 소통에 문제가 없었다고 판단함.
* 이웃집 줍줍은 아우린들에게 계속 지구의 음식을 먹이려고 함. 지구의 음식을 가장 많이 먹은 라후드가 가장 지구인화된 것으로 보아, 지구의 음식에 지구인처럼 생각하게 만드는 어떤 특수한 성분이 있을지도 모름.

지구인은 소리로 자신의 생각을 전달한다

- 우주에는 다양한 의사소통 방법이 존재함. 촉각으로 의사를 전달할 수도 있고, 텔레파시를 쓸 수도 있음. 지구인의 방법은 공기 분자를 진동시키기. 지구인의 입에서 생성된 공기 분자의 떨림이 소리가 되고, 이 소리가 상대방의 귀에 들어가 뇌에 도착하면 자신의 생각을 다른 개체에게 전달할 수 있음. 지구인들은 공기가 없는 곳에서는 말로써 의사소통을 할 수 없음.

- 지구인의 언어는 매우 복잡한 소리의 집합. 먼저 소리를 자음과 모음으로 나누고, 이를 모아 의미를 가진 단어를 형성함. 그다음 단어를 문법적으로 배열하여 문장을 만들고, 문맥에 맞게 사용함. 이 과정이 뇌 속에서 매우 빠르게 이루어지기 때문에 지구인들은 말을 하거나 들을 때 이렇게 복잡한 언어 처리 과정이 있다는 것을 인지하지 못함. 그래서 지구인은 말을 많이 할 수 있는 듯.

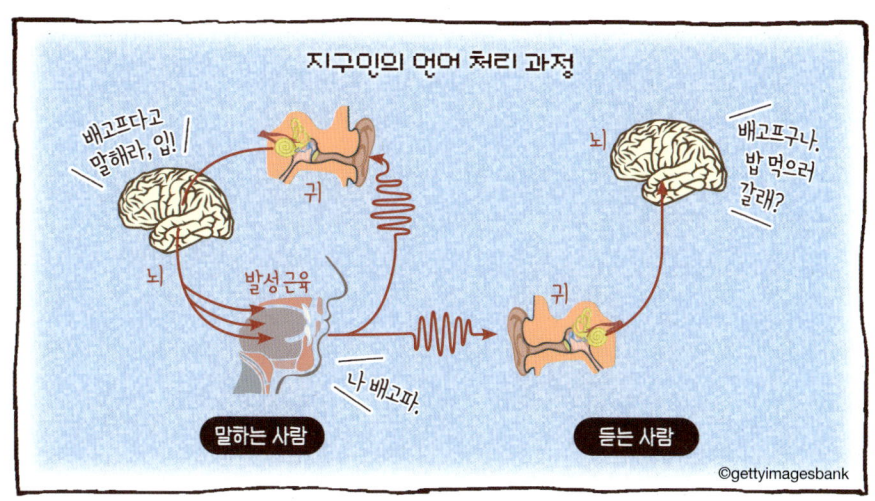

지구인에게 언어는 매우 중요하다

- 지구인들이 말을 하기 위해서는 두 가지가 중요함. 의미를 소리로 표현하는 것과 표현된 소리를 해석해서 알아듣는 것. 지구인의 뇌에는 이 두 가지 일을 처리하기 위한 영역이 있음. 브로카 영역과 베르니케 영역임.
- 브로카 영역은 의미를 소리로 바꾸는 일을 함. 이 영역이 손상된 지구인은 생각한 것을 말로 표현할 수 없음. 그러나 생각을 제대로 말하지 못한다고 의사소통이 아예 불가능한 것은 아니므로, 이런 지구인 앞에서도 절대 아우레의 이야기를 하면 안 됨.
- 베르니케 영역은 말뜻을 이해하는 뇌 영역. 이 부분이 손상되면 말을 유창하게 할 수는 있지만, 의미 없는 말을 나열하게 됨. 문법을 정확하게 지키더라도 지구인들은 이 말의 의미를 이해할 수 없음.

- 이 두 영역 외에도 발음하기 영역, 읽기 영역, 문장 만들기 영역 등 뇌의 많은 부분이 언어 사용에 필요함. 이렇게 뇌가 의사소통을 나눠서 진행하기 때문에 어느 한 곳이 손상되어도 의사소통이 완전히 불가능해지지 않는 것 같음. 지구인들은 혼자 있을 때도, 밥을 먹을 때도, 드라마를 볼 때도 말을 해야 하는 시끄러운 생물종. 언어가 매우 중요한 지구인들이 언어를 잃지 않도록 뇌가 발달한 듯.

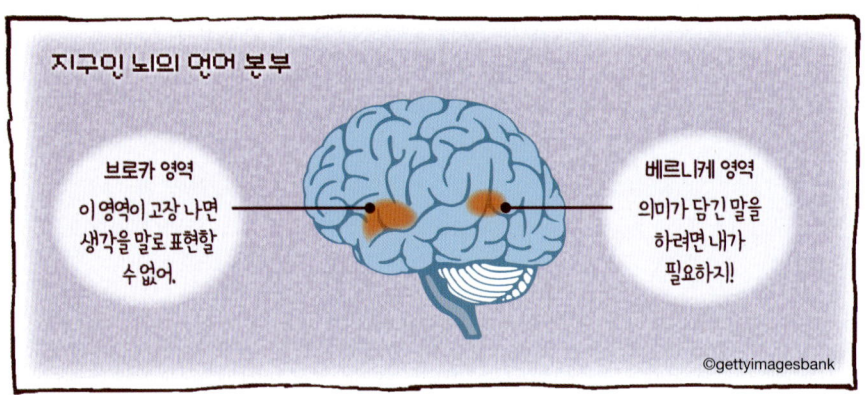

자기 할 말만 하는 지구인들

- 지구인들의 말하기 능력은 매우 뛰어남. 따로 교육을 받지 않아도 대화를 통해 자연스럽게 문법과 단어를 습득해서 모국어를 이해하고 말함. 다양한 소리를 조합해 무한히 많은 문장을 만들어 소통함.
- 그에 비해 듣기 능력은 매우 뒤떨어짐. 일정 주파수를 넘어가면 있는 소리도 듣지 못하고, 주의하지 않고 들으면 무엇을 들었는지 전혀 기억하지 못함. 물론 주의하고 들어도 곧 잊어버리는 경우 역시 셀 수 없이 많음.
- 정보를 주고받는 것이 언어의 기원이라면 정보를 놓치지 않도록 잘 듣는 것이 유리한 행위임. 하지만 지구인들은 상대방의 이야기에는 귀 기울이지 않고 자기 이야기만 하는 것을 매우 좋아함.
- 이는 지구인들이 자기 이야기를 할 때 기분이 좋아지기 때문. 자신의 경험과 느낌에 대해 이야기하는 동안 지구인 뇌의 복측 피개 영역이 자극되어 즐거운 감정을 느낌. 이것 때문에 지구인의 청각 능력이 발달하지 못한 걸까? 조사가 더 필요함.

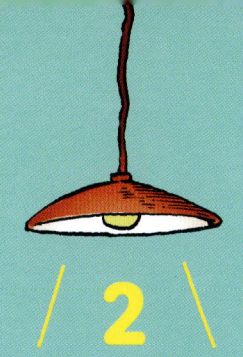

2

없지만 있는 손님

알면 알수록 모르겠는 지구인의 거짓말

하루 이틀도 아닌 엄마의 거짓말에 써니와 유니는 매번 당했다. 위니 원장은 아침에 있었던 일을 오로라에게 얘기하며 깔깔 웃었다.

"세상에. 우리 딸들이 나더러 거짓말쟁이래요. 내가 언제 거짓말을 했다고. 안 그래요?"

거짓말이란 사실이 아닌 것을 사실처럼 꾸며서 하는 말이다. 오로라는 사실대로 말했다.

"원장님은 거짓말했어요. 거짓말쟁이 맞아요."

"어머? 나는 나쁜 의도가 하나도 없었는데? 다들 잘되라고 도와준 건데 거짓말쟁이라고 하면 섭섭하지."

위니 원장은 펄펄 뛰었다. 그래도 오로라는 자신의 말을 취소하지 않았다. 그건 거짓말이니까.

"오로라는 정말 도덕 교과서라니까. 같은 엄마끼리 이해는 못해 줄 망정……."

위니 원장은 기분이 살짝 상해서 뾰로통한 표정으로 첫 번째 손님을 맞았다.

"빡빡 밀어 주세요."

침울한 표정의 남자 손님이 웅얼거렸다.

"네? 빡빡이요? 머리카락을 아주 짧게 자르신다고요?"

"네. 완전 빡빡 밀어 주세요."

위니 원장은 이발기를 만지작거리기만 하고 머리카락을 밀지는 않았다. 손님에게 계속 말만 걸었다.

"이렇게 멋진 머리카락을 왜 밀어요? 무슨 일 있어요? 혹시 여자 친구한테 차였어요?"

남자 손님이 고개를 끄덕였다. 질끈 감은 눈에 눈물이 살짝 맺혔다.

"어유, 이렇게 근사한 남친을 왜 찼을까? 그 여자분 후회할 거야. 분명해요."

오로라는 손님과 위니 원장을 번갈아 쳐다보았다. 지구인에게 '근사함'은 주관적인 느낌이다. 위니 원장에게는 저 지구인이 근사해도, 여자 친구는 어땠는지 모른다. 저 남자 친구와 헤어진 것을 후회할지 안 할지도 모른다. 아무리 연인 사이라도 다른 사람의 마음은 모르는 법이니까. 그런데도 위니 원장은 확실하다고, 거침없이 말했다.

"젊을 때는 실연당하면 머리를 빡빡 밀고 싶은 생각도 들어요. 나도 예전에 그런 적 있거든요."

손님이 눈을 번쩍 뜨고 물었다.

"원장님은 여자인데, 머리를 빡빡 밀었어요?"

"아유, 머리 미는 데 남녀가 어딨어요? 남자 친구가 긴 머리를 좋아했거든요. 헤어지자마자 미련 없이 싹 밀어 버렸죠."

"어머, 정말요? 후회 안 하셨어요?"

차례를 기다리던 여자 손님이 흥미진진하다는 듯 물었다.

"후회했죠. 실연당한 것도 속상한데 머리카락이 없어서 춥고, 창피하고……. 호호호, 지금 생각해도 너~무 후회되네."

위니 원장과 여자 손님이 큰 소리로 웃었다. 울상이던 남자 손님도 미소를 지었다.

"그러니까 머리 밀지 마세요. 내가 멋진 스타일로 만져 줄게요. 여자 친구는 또 생길 거예요."

위니 원장은 남자 손님의 머리카락을 아주 조금만 자르고 유행하는 스타일로 마무리해 주었다. 남자 손님은 환하게 웃으며 미용실을 나섰다.

"빡빡 밀었다가 어깨까지 다시 기르려면 얼마나 걸려요?"

여자 손님이 물었다. 위니 원장은 호호호 더 크게 웃었다.

"나도 잘 몰라요. 사실은 머리 안 밀었거든요. 남친은 금방 또 사귈 수 있지만 머리카락을 기르려면 얼마나 공을 들여야 하는데, 순간의 감정으로 그런 짓을 왜 해요?"

역시 위니 원장은 거짓말쟁이라고 오로라는 생각했다. 하지만 여자 손님은 다른 반응을 보였다.

"어머, 원장님 참 사려 깊으시다. 저분이 머리를 빡빡 밀고 후회할까 봐 생각해 주신 거구나!"

여자 손님은 위니 원장의 거짓말을 칭찬했다. 지구인들은 거짓말은 옳지 않다고 하면서 왜 거짓말을 자주 하고, 남의 거짓말에 칭찬까지 할까?

"아유, 죄송해요. 애가 요즘 부쩍 말썽 부리다 실수하면 있지도 않은 친구가 그랬다고 거짓말을 하지 뭐예요."

여자 손님은 사과하며, 아이가 깬 컵을 배상하겠다고 했다.

"아니에요, 괜찮아요. 집에 있는 컵 하나 가져오면 되죠. 요맘때 애들이야 늘 상상 친구를 만들어서 놀잖아요. 우리 큰딸은 더했는걸요."

위니 원장은 아이의 장난을 너그럽게 받아넘겨 주었다.

"어릴 때 악의 없이 하는 거짓말은 성장 과정으로 이해해야 할 때가 많아요. 뭐, 어른들도 살다 보면 필요할 때 거짓말도 하고 그러잖아요. 오로라는 거짓말한 적 없어요?"

위니 원장의 질문에 오로라는 조금도 망설이지 않고 대답했다.

"당연히 없습니다."

"하하하, 그게 제일 큰 거짓말인 거 알죠? 거짓말 안 하는 사람이 어딨어요. 외계인도 할걸요?"

순간 오로라의 높은 이성이 멈칫했다. 넓은 의미에서 진실을 숨기는 것도 거짓말이니 오로라는 거짓말을 하고 있다. 지구에서는 거짓말을 하지 않고는 못 사는 건가?

지구인은 거짓말의 달인이다

 2019년 12월 2일   아우레 7386년 1월 1일   작성자: 오로라

지구 사건 개요

* 위니 원장은 거짓말을 매우 잘함. 집에서는 유니와 써니에게, 미용실에서는 손님에게까지 거짓말을 하고 즐거워함. 오늘 미용실의 지구인 손님은 위니 원장의 거짓말을 칭찬함. 하지만 뉴스에서 거짓말을 한 사기꾼에 대한 소식을 들었을 때는 크게 화를 내고 비난했음. 지구인들은 어떤 거짓말은 좋아하지만, 어떤 거짓말은 싫어함. 그 기준에 대한 탐구가 필요함.
* 거짓말을 하지 않는다는 당연한 말에 위니 원장은 오히려 나를 외계인으로 의심함. 정체를 들키지 않기 위해 다른 지구인들처럼 거짓말을 시도해야 함. 그러나 거짓말은 매우 고난도의 기술을 요하는 것으로 사전에 매우 신중한 연구가 필요함.

지구인의 이유 있는 거짓말

- 지구인들은 하루에 평균 2~10회 정도의 거짓말을 한다고 함. 2019년 기준 한국인 평균 수명이 83.3세인 것을 고려하면 살면서 약 6만~30만 회의 거짓말을 하는 셈. 거짓말을 하겠다고 마음먹고 거짓말을 하는 것은 아님. 늦잠 자는 아이에게 시간을 속여 말하거나, 상상 속의 인물이 실제로 있다고 말하는 행위는 '하면 안 되는 나쁜 거짓말'보다 '그럴 만한 이유가 있는 거짓말'이라고 생각함.
- 곤란한 상황을 피하고 싶다는 게 거짓말의 가장 큰 이유. 미용실 어린이 손님의 상상 친구는 혼나기 싫은 마음에 본능적으로 자신의 잘못을 다른 사람에게 덮어씌우려 한 것이었음.
- 지구의 어른들은 어린이들의 이런 마음을 이해해 주려고 함. 이런 거짓말들이 뛰어난 상상력에서 나온 이야기라고 생각함. 지구 어린이들의 놀이 중에는 상상력과 거짓말을 기반으로 하는 것도 있음. 주로 10세 미만의 어린이들이 하는 소꿉놀이에서

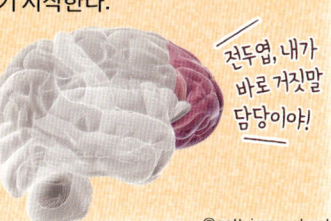

지구인들은 언제부터 '진짜' 거짓말을 할까?

지구인들은 만 3세 정도가 되면 상황을 파악하고 계획을 세우는 부위인 전두엽이 발달하면서 남을 속이려는 의도를 가진 거짓말을 하기 시작한다. 하지만 아직은 능숙하지 못해서 조금만 캐물으면 다 들통이 난다. 10세에 이르러서야 지구인들은 진실과 거짓을 정확하게 구분하고 잘 짜인 거짓말을 할 수가 있다. 지구인들의 본격적인 거짓말은 이때부터가 진짜 시작인 것!

는 어린 지구인들이 다양한 상황에서 각자의 역할을 수행함.
- 예를 들어, 환자 역할을 맡은 지구인이 아픈 척을 하면 의사 역할을 맡은 지구인이 다가와 없는 병을 치료해 줌! 실재하지 않는 음식을 먹는 척하기도 함. 지구 어린이들은 이런 거짓말 놀이를 통해 사회성을 기른다고 함. 거짓말과 사회성이 지구에서 살아가는 데 어떤 관련이 있는 것 같음.

거짓말은 본능적인 행동

- 지구인들은 따로 배우지 않아도 거짓말을 잘함. "우리 아빠 백 살이야.", "나 어제 목성 갔다 왔어." 등 거짓말을 이용해 주위 사람들의 관심을 끌어내는 것부터 시작해서 "쟤가 그랬어요.", "저 아니에요." 같은 뒤집어씌우기 거짓말까지 다양함.
- 지구인 성인도 쉴 틈 없이 거짓말을 함. 지각을 하면 차가 막혔다고 거짓말을 하고, 가기 싫은 약속에는 아프다고 거짓말을 함. 멋져 보이기 위해 자신을 포장하고, 혼날 것 같은 일은 자기가 안 그랬다며 시치미를 뗌.
- 진화 심리학자들은 지구인들의 거짓말이 본능적인 행동이라고 이야기함. 지구인 조상들은 다른 동물들에 비해 많은 수가 함께 살았는데, 큰 무리가 함께 살다 보니 과거부터 경쟁이 심했을 것이라고 함. 지구인들은 이런 경쟁적인 사회에서 원하는 것을 얻기 위해 다른 지구인들을 속여야 했고, 이 과정에서 잘 속이는 지구인들이 살아남기 유리했던 것.

거짓말을 하려면 똑똑해야 한다

- 매일 거짓말을 하는 지구인에게도 거짓말은 쉬운 일이 아님. 게다가 너무 어린 지구인들은 거짓말을 잘하지 못함. 왜냐하면 다른 사람의 마음이 자신과 다르다는 것을 인지하는 능력이 아직 없기 때문.
- 예를 들어, 엄마가 외출한 동안 내가 화분을 깼다면 엄마는 이 화분을 깬 것이 나인지, 강아지인지 모를 수 있음. 이 사실을 인지할 수 있다면, "강아지가 화분을 깨뜨렸어요."라고 거짓말을 할 수 있게 되는 것. 구체적이고 의도적인 거짓말은 다른 사람과 나의 마음이 다르다는 것을 인지하는 '마음 이론'이 발달한 뒤라야 가능함.
- 심리학자들은 거짓말을 인지적 성장의 증거라고 생각하기도 함. 거짓말을 하기 위해서는 내가 무엇을 얻고 싶은지, 거짓말을 해서 그것을 얻을 수 있는지, 어떻게 해야 그럴듯한 거짓말을 만들 수 있을지 등 많은 문제들을 해결해야 하기 때문.
- 거짓말을 할 때 지구인은 뇌의 더 많은 부분을 사용함. 전전두엽이 진실을 말하고 싶은 마음을 억제하고 그럴듯한 이야기를 지어냄. 거짓말 때문에 생긴 긴장감으로 인해 두정엽도 활성화됨. 지구인이 이렇게 머리를 굴려 가며 끊임없이 거짓말을 하는 이유가 대체 무엇인지 궁금함.

진실만 말하면 벌어지는 일

위르겐 슈미더라는 어느 호기심 많은 독일인 지구인이 40일 동안 진실만 말하는 실험을 진행했다. 그에게 일어난 일은 다음과 같다. 친구의 비밀을 사실대로 말했다가 절교당할 뻔하기. 정확하게 소득을 신고해서 세금 폭탄 맞기. 아내에게 음식이 토할 정도로 맛없다고 했다가 이혼 위기 맞기 등등. 거짓말하지 않고 살기란 불가능했다. 진실에 도달하기 위해 대화를 나누는 게 아니라면, 지구인들 대화의 진짜 목적은 대체 무엇일까?

3

지구 동물 탐사의 날

인간의 언어는 동물의 언어와 다르다

지구 대기에 점점 높아지는 탄소 수치에 주목함.

아우레 행성에서는 루나의 보고서에 적힌 '탄소'에 주목했다.

탄소는 생명의 탄생에 중요한 원소다. 아우린과 지구인의 머나먼 조상도 탄소 덕분에 탄생했다.

하지만 탄소는 현재, 아우레와 지구 모두에서 골칫거리다. 탄소가 산소와 결합하면 행성의 온도를 올리는 온실가스 중 하나인 이산화 탄소로 변하기 때문이다.

탐사대에게 알린다.
지구에는 지구 환경을 파괴하는 지구인보다
더 이성적인 생명체는 존재하지 않는가?
아우린과 평화로운 공존을 논할 다른 생명체를 찾아라.

루나는 행성의 새 임무에 동의했다. 지구에는 지구인이 밝혀낸 것만 해도 약 170만 종 이상의 생물이 산다. 그런데도 탐사대는 외계인에게 적대적인 인간을 상대로 아우린과의 공존 가능성을 찾는다. 인간은 지구의 주인이 아닌데도.

"아우린의 지구 이주를 환영하는 다른 생명체 탐구 시작."

하지만 나머지 탐사대원들은 그런 생명체는 없다고 확신했다.

　루나는 아우린과 평화로운 공존을 논할 동물 후보를 셋 골랐다. 높은 지능, 온순한 본능, 아우린과 충분히 대화할 수 있는 언어를 가진 코끼리, 앵무새, 고릴라.

　그런데 세 동물의 서식지는 루나가 있는 곳과 너무 멀었다.

　"지구는 넓고 지구인의 교통수단은 너무 느림. 후보 동물들과 가장 빠르게 접촉할 방법은?"

　루나의 고민은 지구 전문가 라후드가 해결했다.

　"동물원에 가 봐. 동물원에는 지구 곳곳에 사는 동물들이 모여 있대."

　"당장 출발."

　루나는 벌떡 일어났다. 오로라도 따라나섰다. 어린 지구인이 동물원에 가려면 보호자가 필요하니까. 또 다른 이유는 루나를 감시하기 위해.

아우레 탐사대는 루나가 다른 대원들 몰래 지구인을 제거하지 않도록 감시 중이었다. 오로라는 오늘의 감시 당번이다.

루나와 오로라가 도착한 동물원에는 어린 지구인들이 많았다. 어린 지구인들은 높은 주파수의 소음을 끊임없이 내며 뛰어다녔다. 동물원이 인간을 위한 공간이라도 되는 듯 신나 보였다.

"동물원에 왜 지구인이 더 많음?"

루나는 달달 떨리는 젤리 피부를 지구인 슈트로 꾹 누르며 불평했다.

동물원에 처음 온 오로라도 정보가 없었다.

아우린들은 동물원을 보고 충격을 받았다. 지구인들이 지구를 자기 마음대로 쓴다는 것은 알고 있었다. 산을 깎아 집을 짓고, 숲을 태워 밭을 만들고, 식물의 서식지를 마음대로 옮기고, 멀쩡한 바다를 메워 땅으로 바꾸고……. 하지만 인간들처럼 지구 곳곳을 자유롭게 누비고 살던 동물들까지 잡아다 강제로 가둬 놓고 전시하는 줄 몰랐다. 구경하며 즐거워할 줄은 더욱 몰랐다.

"지구인은 지구 동물과도 평화롭게 공존하지 않음. 외계인과 공존할 가능성 없음."

루나는 확신했다. 오로라도 확신했다.

"루나, 절대로 정체를 들키면 안 돼. 외계인도 전시된다."

오로라는 주위를 살폈다. 외계인 추적자나 수상한 지구인은 보이지 않았다.

루나는 코끼리 우리로 조심스럽게 접근했다. 오로라는 멀찌가니 서서 루나를 감시했다.

코끼리들은 건초를 먹고 있었다. 루나는 미리 파악한 코끼리 언어로 말을 건넸다. 동물들은 각각 다른 주파수로 대화한다. 코끼리는 낮은 진동의 저주파음으로 대화한다. 지구인은 그 소리를 못 듣기 때문에 외계인이나 아우린의 이야기를 자세히 해도 들킬 걱정이 없다. 하지만 루나는 아주 단순하게 말했다.

"코끼리. 친구. 평화. 함께 살기."

코끼리들의 언어가 단순해서 더 이상 상세하고 구체적으로 말할 수 없었다.

"친구. 평화. 함께 살기."

루나는 더 낮은 소리로 힘주어 말했다.

코끼리는 귀를 몇 번 펄럭이더니 루나 반대쪽으로 천천히 움직였다. 루나가 쫓아가자 힐끔거리며 더 멀리 물러났다. 외계인의 몸짓 언어를 많이 경험한 루나는 코끼리의 몸짓에 숨은 뜻을 알아들었다.

'따라오라고?'

루나는 울타리를 훌쩍 넘어 코끼리 뒤를 쫓았다.

"루나, 안 돼. 동물 우리는 출입 금지야."

오로라가 쏜살같이 달려와 루나를 잡았다.

그 순간 뿌지지직, 코끼리는 시원하게 큰일을 보았다.

철퍼덕. 어마어마한 똥 덩어리가 떨어졌다. 루나와 오로라의 지구인 슈트에도 정체를 알고 싶지 않은 방울들이 튀었다.

"안녕. 반가워."

조류관에 다가가자 앵무새가 먼저 인사를 했다. 지구인과 똑같은 언어였다.

'앵무새는 말이 잘 통할 듯. 지구인들에게 대화를 들키지 않도록 최대한 가까이 접근.'

루나는 조류관 안으로 들어갔다. 앵무새들이 푸다닥 날아올랐다가 천장에 막혀 내려왔다. 루나는 가까이 날아온 앵무새에게 속삭였다.

루나의 판단은 또 틀렸다. 앵무새는 다양한 언어를 사용하지 못했다. 그저 지구인의 발음을 따라 할 뿐이었다. 고릴라는 할 수 있겠지. 고릴라는 지구인을 뺀 나머지 동물들 중 지능이 매우 높은 편이고, 다양한 소리 언어와 몸짓 언어를 사용하니까.

루나는 빨리 고릴라와 대화하고 싶었다. 그런데 고릴라 우리 앞에 사람들이 너무 많았다. 지구인들에게 들키지 않고 접근하기가 불가능했다. 울타리 꼭대기에 매달린 아기 지구인 때문이었다. 아기 지구인도 고릴라에게 접근해 대화를 나누고 싶은 것 같았다.

지구인들의 비명 소리 때문에 루나의 젤리 피부가 아주 심하게 떨렸다. 털썩, 루나는 주저앉았다. 피부가 진정될 때까지 잠시 기다리며 상황을 지켜보기로 했다.

엄마 고릴라는 무서웠다. 사람들이 빽빽 소리를 지를 때마다 나쁜 일이 생겼다. 엄마 고릴라는 새끼를 꽉 안으며 사람들의 눈치를 보았다. 우리 바닥에 사람 아기가 누워 있었다.
'사람 아기가 들어왔네? 내 새끼만큼 작고 약한 사람이야.'
엄마 고릴라는 살금살금 사람 아기에게 다가갔다.

"오로라, 봤음? 고릴라는 아우린과 공존할 수 있는 동물. 확실함."

루나는 확신했다.

한바탕 소동 후 지구인들이 사라지자 루나는 울타리를 훌쩍 넘어서 엄마 고릴라에게 다가갔다.

"고릴라, 나는 아우레 행성에서 온 아우린 루나."

고릴라는 루나를 거들떠보지도 않았다. 과일 바구니에만 관심을 쏟았다.

"지구인을 제거하고 고릴라와 아우린이 평화롭게 공존 가능함?"

루나가 얼쩡거리며 계속 말을 걸자 고릴라는 저만치 자리를 옮겼다. 고릴라 언어를 잘 모르는 오로라 눈에도 귀찮아서 피하는 것 같았다. 하지만 루나는 대화를 포기하지 않았다.

보고서 41
지구인의 놀라운 언어 능력에 대한 탐구

 2019년 12월 3일   아우레 7386년 1월 6일   작성자: 루나

지구 사건 개요

* 아우린과 의사소통이 가능한 지구 생명체 찾기 임무는 실패. 말을 가장 잘하는 생명체는 지구인이 확실함.
* 동물원은 지구의 동물들을 한곳에 모아 놓고, 지구인들이 볼 수 있도록 한 장소. 그러나 동물보다 지구인들이 훨씬 더 많으며, 좁은 공간에 갇힌 동물들이 지구인들을 관찰하고 있었음. 심지어 지구인보다 더 강한 동물들은 절대 지구인들과 가까워질 수 없도록 높은 철창 안에 갇혀 있음.
* 앵무새는 지구인들과 매우 가까운 거리에 있는 것으로 보아 위험한 동물은 아니었음. 그러나 의식하지 않고 다른 동물의 말을 따라 하는 습성이 있으므로 지구의 앵무새 앞에서는 절대 아우레의 이야기를 하면 안 됨. 자신이 무슨 말을 하는지 모른 채 아우레를 폭로할 확률이 매우 높음.

아우린과 소통이 가능한 유일한 생명체

- 지구의 생명체들은 언어를 통해 정보를 주고받음. 동물원에서 만난 코끼리들은 매우 낮은 소리를 이용하여 의사소통을 함. 산책을 하면서 본 개미는 화학물질을 통하여 먹이가 어디에 있는지 알리고, 개는 냄새를 맡는 것으로 인사를 나눔. 하지만 다량의 추상적이고 복잡한 내용을 전달할 수 있는 생명체는 아직까지 지구인뿐임.
- 왜 지구인만이 이런 일을 할 수 있을까? 지구인의 뇌에는 타고난 언어 습득 장치가 있기 때문. 인종과 국적에 상관없이, 어렸을 때 충분히 듣고 말할 기회가 주어진다면 지구인은 어떤 언어라도 배울 수 있음. 한국에서 태어난 아기가 한국에서 자란다면 한국말을, 러시아에서 자란다면 러시아 말을 하게 됨.

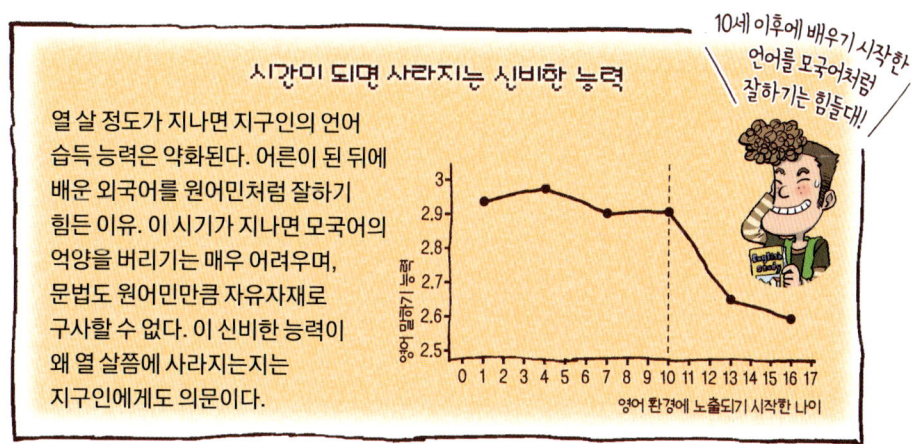

- 지구인은 언어를 배우는 데 놀라운 재능을 보임. 태어나서 고등학교를 졸업할 때까지 학습하는 단어가 약 60,000개. 이는 만 2세가 지난 후 평균 매년 3,500단어, 하루에 10개의 단어를 학습한 것과 마찬가지.
- 초등학생 정도만 되면 자신이 배운 단어들을 사용하여 정확한 문법 규칙에 맞추어 적절한 문장을 만들어 낼 수 있음. 심지어 문장을 만드는 속도가 아주 빠르기 때문에 굳이 깊게 생각하지 않아도 즉석에서 말을 하는 것이 가능함.

지구인의 언어는 동물의 언어와 다르다

- 한 행성에 살고 있지만 지구인과 동물은 소통이 잘 안됨. 지구인은 동물의 말을 이해하지 못하고, 동물은 지구인의 말을 이해하지 못함. 지구인과 가장 사이가 좋은 동물인 개조차 "앉아", "안 돼" 정도의 말만 알아들으며, 지구인은 개의 몸짓 언어 중 아주 일부만을 이해할 뿐임. 동물보다 이성이 더 뛰어난 지구인들이 어째서 이성이 더 낮은 동물의 말을 못 알아듣는지는 알 수 없음. (지구인들이 동물들의 말을 알아들을 수 있었다면 지구에 동물원은 존재하지 않았을지도 모름.)
- 지구인들이 동물들에게 말하는 법을 가르치려 한 적이 있긴 함. 침팬지 워슈는 4년 동안 수화를 배워 132가지의 신호를 사용할 수 있었음. 워슈는 새로운 표현이나 간단한 문장도 만들 수 있었음. 하지만 2세 아동의 언어 능력을 뛰어넘지 못했고, 워슈가 사용하는 표현은 매우 단순한 것에 불과했음.

- 지구인 언어에는 몇 가지 특징이 있음. 그중 하나가 '창조적'이라는 점. 예를 들어, 탐사대가 사는 한국의 언어는 기본적으로 자음 14개와 모음 10개로 이루어져 있음. (붙여 적는 자음, 모음을 포함하면 총 40개.) 지구인들은 이 한정된 소리를 이용해서 끝도 없이 새로운 문장을 만들어 낼 수 있음.
- 계속해서 바뀌고 발전한다는 것도 지구인 언어의 특징. 어느 단어가 유행하면 너도 나도 그 단어를 사용하고, 유행을 따르기 위해 새로 생긴 단어를 말하려고 노력함. 오래된 말이 더 이상 쓰이지 않는 경우도 많음. 침팬지는 100년 전에 쓰던 언어와 지금의 언어가 같지만, 지구인은 매우 다름. 지구인들은 언어 사용에서도 유행에 민감함.

지구인의 언어는 지구인의 생각에 영향을 미친다

- 지구인들은 언어를 쓰는 방식을 보고 그 사람의 성향을 유추함. 직설적이고 솔직하게 말하면 시원시원한 사람, 빙빙 둘러말하는 사람은 배려심이 많긴 하지만 우유부단한 사람으로 생각하는 것.
- 무슨 언어를 사용하느냐에 따라 같은 사물에 대한 생각이 달라지기도 함. 문법적으로 성별이 나뉜 언어를 사용하는 환경에서는, 사물에 주어진 성별에 따라 사물에 대한 느낌을 다르게 묘사함. 독일어를 사용하는 사람들에게 '태양'에 대한 생각을 물어보면 '우아하다', '평등하다'와 같은 대답을 많이 하고 스페인어를 사용하는 사람들은 '강렬하다', '위대하다'와 같은 대답을 많이 한다고 함. '태양'은 독일어에서는 여성 명사이고 스페인어에서는 남성 명사임. 어떤 언어를 사용하는지가 사물에 대한 생각에도 영향을 미치는 것.
- 여러 언어를 사용하는 지구인은 언어에 따라 자신의 성격을 다르게 묘사함. 영어로 표현할 때는 자신의 장점을 거리낌 없이 드러냈지만, 중국어로 표현할 때는 부정적 묘사도 섞어 겸손해 보이려고 노력함. 솔직하고 개인적인 영어권 문화와 겸손과 예의를 중시하는 아시아 지역의 문화가 반영된 결과임. 언어에는 그 나라의 문화가 담겨 있고, 언어 사용자는 그 문화에 적합한 방식으로 자신을 표현하고 싶어 함.

야옹아, 너의 언어는 귀여움이 특징인가 봐~.

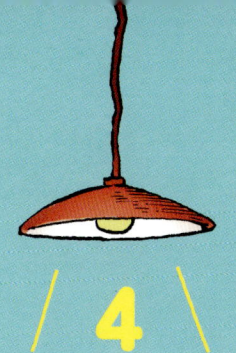

4

가짜 사장님

지구인은 근사해 보이려고 허풍을 친다

멋들어진 스포츠카가 편의점 앞 좁은 도로를 지나갔다. 나 보란 듯 엄청난 소음을 자랑하면서! 루이는 유리창 너머로 휙 지나가는 스포츠카를 구경했다. 운전자는 루이 또래의 젊은 남자였다.

"어휴, 누구는 스포츠카 타고 드라이브하는데, 나는 편의점에서 삼각김밥 유통 기한이나 들여다보고 있고······."

루이는 물건을 정리하며 투덜거렸다.

잠시 뒤, 조금 전 지나간 스포츠카의 엔진 소리가 들렸다.

부아앙, 끽~!

루이가 편의점 밖으로 나가자, 스포츠카의 운전자가 머리를 쑥 내밀고 말했다.

"잠깐만 댈게요."

남의 편의점 문 앞을 떡하니 가로막고 차를 댄다고? 루이는 부러운 마음 반, 질투심 반에 얼른 이 근사한 스포츠카에 탄 남자를 보내 버리고 싶었다.

"여기는 길이 좁아서 안 돼요. 저쪽에 공용 주차장 있으니, 거기로 가세요."

"거참, 빡빡하게 그러네. 편의점에서 뭐 하나 사면 되죠?"

스포츠카의 운전자는 뻔뻔스럽게 말하며 내렸다. 편의점 알바라고 무시하나? 루이는 언짢은 마음에 목소리를 높였다.

"그래도 안 돼요. 당장 차 빼세……."
"어, 루이 아냐?"

뻔뻔한 운전자가 비죽비죽 웃으며 아는 체를 했다. 그러고 보니 낯익은 얼굴이다. 고등학교 동창 재수. 만나서 반가운 사람은 아니었다.

루이는 떨떠름하게 인사했다.

"너 편의점 사장님이야? 의외네~. 설마 알바는 아니지? 너희 부모님이 유산 많이 남겨 주셨다고 했잖아."

루이는 기분이 팍 상했다. 역시 사람은 참 안 바뀌나 보다. 재수는 고등학교 때나 지금이나 여전히 재수 없는 말만 골라서 하는 걸 보니…….

루이가 고등학생 때 부모님이 돌아가셨다. 갑작스러운 사고였다. 루이는 너무나 슬프고, 불안하고, 당황스러웠다. 어쩔 줄 모르는 상태로 부모님의 장례를 치렀다. 루이는 순식간에 동생 대호와 둘이 남았고, 할머니와 함께 지내게 되었다.

장례가 끝나고 학교에 간 첫날, 친구들은 루이를 위로했다.

루이는 진심으로 걱정하고 위로해 주는 사람들이 고마웠다. 하지만 참 희한하게도, 위로의 말을 들을 때마다 루이는 배가 아팠다.

선생님께 위로의 말을 들은 날도 루이는 급하게 화장실로 뛰어갔다. 하필이면 줄이 아주 길었다. 다른 화장실로 갈까 하고 막 돌아서는데, 갑자기 맨 앞에 선 아이가 순서를 양보했다. 친구는커녕 그냥 아는 애도 아니었다.

루이는 엉겁결에 양보를 받아 버렸다. 멍한 상태로 화장실에 앉아 있는데 밖에서 소곤거리는 소리가 들렸다.

"니, 쟤 알아? 왜 갑자기 양보해?"

"걔잖아. 2반 애……."

"아, 부모님 한꺼번에 돌아가셨다는?"

루이는 쉬는 시간이 끝날 때까지 화장실에 앉아 있었다. 사람들 앞에 나서기 싫었다. 다들 자신을 불쌍하게 여기는 것 같아서 싫었다. 부모님이 돌아가신 게 부끄러웠다. 부끄러울 일도 아닌데 부끄러워서 화가 났다.

다음 날, 루이는 반 친구들에게 아이스크림을 샀다. 일부러 비싼 콘으로 골라 쫙 돌렸다.

그 순간 재수가 나섰다.

"근데 너, 돈 막 써도 되냐? 상황이 그렇잖냐. 얻어먹는 마음이 안 편하다."

재수는 누구보다도 맛있게 아이스크림을 쭉쭉 빨아 먹고 있었다. 그러면서도 꼭 기분 나쁠 말을 골라 하는 그런 애였다.

루이도 재수의 성격을 잘 알고 있었다. 사실 재수 없는 재수가 그런 질문을 하기를 기다렸다. 루이는 미리 준비한 미소를 지으며, 미리 준비한 말을 멋지게 해 주었다.

"걱정해 줘서 고맙다. 그 문제라면 걱정 안 해도 돼. 부모님께서 보험을 몇 개 들어 놓으셨더라고. 이제 부모님을 뵐 수 없는 건 마음 아프지만 산 사람은 살아야 한다고, 할머니가 그러시더라. 이제 할머니랑 같이 살게 되었거든. 할머니가 나중에 건물도 물려주신다고 하셔서, 이 정도는 쏠 수 있으니까 맘 편히 먹어라."

사실은 뻥이었다. 할머니랑 같이 살게 되었지만 건물 같은 건 있지도 않았고, 보험금도 얼마 안 됐다. 루이는 기죽지 않으려고 말도 안 되는 거짓말을 했다.

어른이 된 지금, 루이는 철없던 시절의 그 '뻥'을 후회한다. 돌아가신 부모님께 두고두고 미안한 마음이 들어서였다.

　재수는 한눈에 들어오는 크기의 편의점을 훑어보며 말했다. 남을 무시하는 버릇은 여전했다. 루이가 사장님이 아니라 알바생이라는 걸 알면 얼마나 비웃을지 안 봐도 뻔했다. 루이는 재수에게 꿀리지 않으려고 진짜 사장인 척했다.

　"크지는 않아도 손님은 많아. 이런 게 알짜지."

　루이는 언젠가 후회할지 모를 허풍을 또 떨었다.

　"오, 제법인데? 아무튼 반갑다. 우리, 커피나 한잔할까?"

　재수는 편의점에서 제일 비싼 커피를 골라 왔다.

　"이건 네가 사는 거지, 사장님?"

　"그, 그럼. 얼마든지 먹어."

　월급에서 커피값을 물어내게 된 루이는 속이 쓰렸다. 하지만 이제 와서 사장인 척을 그만둘 수도 없었다.

"유에프오 카페에 관심 있으면 거기나 갈 일이지 왜 여기서 내 월급을 축내? 치사한 녀석, 옛날부터 그랬어. 친구들 이용하고, 무시하고, 사기 치고……. 어휴, 나쁜 녀석."

루이는 스포츠카의 꽁무니에 대고 투덜거렸다.

루이가 편의점으로 돌아서는 순간, 아까부터 루이를 지켜보던 써니와 아싸, 루나가 다가왔다.

써니가 루이에게 물었다.

"오빠 친구? 근데 왜 오빠를 사장님이라고 불러요?"

"아, 그냥 하는 인사말이야. 친구들끼리 그냥 사장이라고 막 부르고 그래."

루이는 대충 얼버무리려 했지만, 매사 정확한 루나가 루이의 말을 정정했다.

"아니다, 루이는 아까부터 저 남자에게 사장인 척했다."

루이는 얼굴이 확 달아올랐다. 언젠가 오늘의 허풍을 후회할 줄 알았지만 그날이 이렇게 빨리 올 줄은 몰랐다. 루이는 일단 시치미를 뗐다.

"내가 언제 사장이라고 했냐?"

"좀 전에 나간 아저씨한테 그랬잖아요. 아싸 너도 봤지?"

"아니. 루이 형은 '나는 사장이다.'라고 콕 집어 말하지 않았다."

"그렇지, 아싸야?"

"아니요. 루이 형은 '나는 사장이 아니라 알바다.'라고 정확히 말하지도 않았어요."

아싸는 사실을 사실대로 말해 주었다. 써니는 더 재미있다는 듯 깔깔 웃었다.

"그러니까 거짓말이지! 루이 오빠는 거짓말쟁이래요~."

"아니거든!"

"맞거든요. 아, 저기 정 박사님 오신다. 우리 정 박사님에게 물어봐요. 뭐든 다 아시니까."

써니는 때마침 지나가던 정 박사를 불렀다.

"박사님~!"

"루이 씨도 참. 허풍이 어때서요? 인간들은 다 허풍을 떨어요. 자신을 더 멋지고 근사하게 보이려고 부풀려 말하거든요. 인간의 언어는 자신을 근사하게 꾸며 말하다 보니 더 섬세하고 풍부해졌는지도 몰라요."

"그렇죠? 원래 다 그런 거죠, 박사님? 다른 사람들도 남들 앞에선 돈 많은 척, 행복한 척, 여친 있는 척, 막 그러는 거죠?"

"그럼요. 그게 인간적이죠."

정 박사의 말은 루이에게 큰 위안이 되었다. 하지만 외계인들은 전혀 이해하지 못했다. 어린 지구인들이 규칙과 지식을 배우는 학교에서는 거짓말이 나쁘다고 가르치기 때문이다.

"사람들은 일상적으로 거짓말을 하면서, 학교에서는 왜 진실을 말하라고 가르치나요?"

외계인 아싸가 물었다.

"그러게. 우리 엄마도 맨날 거짓말하면서 나한테는 거짓말하지 말라고 해요. 난 그 말도 거짓말이라고 생각하고 잘 안 지키지만요. 제가 나쁜 거예요?"

써니는 거짓말을 하면서도 거짓말은 나쁘다고 생각해 양심의 가책을 느낄 때가 많았다. 하지만 친구의 기분을 상하지 않게 하기 위해, 엄마한테 혼나지 않기 위해 거짓말을 해야 할 때가 많았다.

정 박사는 거짓말과 진실 사이에서 많은 고민을 하게 될 아이들을 이해했다.

"인간은 누구나 거짓말을 해요. 대부분의 거짓말은 우리가 함께 살아가기 위해 필요한 것이지요. 하지만 진실이 꼭 필요한 순간도 있어요. 그때, 옳고 그른 것을 판단할 기준을 가진다면, 평소에 하는 작은 거짓말에 크게 죄책감을 갖지 않아도 돼요."

보고서 42
지구인들은 속고 속이며 진화했다

🌏 2019년 12월 3일　🪂 아우레 7386년 1월 6일　작성자: 아싸

지구 사건 개요

* 루이는 고등학교 동창 앞에서 거짓말을 했다가 친구가 먹은 음식값을 대신 지불해야 했음. 루이의 친구는 루이가 돈이 많다고 생각했기 때문. 지구에서는 돈이 더 많은 사람이 음식값을 내는 경우가 종종 있음.
* 루이가 편의점의 사장인 척한 것은 지구인들이 일상적으로 하는 허풍 떨기. 친구 앞에서 잘나 보이기 위해 한 행동이지만, 이 때문에 오늘 루이는 두 시간 동안 아르바이트로 번 돈을 모두 날림.
* 루이 친구의 관심사는 보스 카페의 사장. 만약 루이 친구 재수가 또 다른 외계인 추적자라면, 재수를 지구 위험인물 리스트에 추가해야 함.

거짓말 때문에 진화한 지구인들

- 지구인들의 말은 부풀려져 있을 확률이 높다는 것을 감안하고 들어야 함. 남들에게 자기 자신을 멋지게 보이고 싶어서 자꾸 허풍을 떨기 때문. 진화 심리학자들은 지구인 언어가 허풍, 즉 거짓말을 하기 위해 발달했다고 주장함. 부풀려 말함으로써 자신을 멋지게 포장하면 공동체에서 높은 지위를 차지하기 쉬웠기 때문. 지구인 조상들은 너도나도 허풍을 떨다가 말을 잘하게 되었음.
- 예를 들어서, 숲에 들어갔다가 애벌레를 보고 도망친 사람이 다른 이들에게 "내가 숲에서 호랑이를 때려눕혔지만, 너무 무거워서 들고 오지 못했다."고 거짓말을 할 수 있음. 숲에서 호랑이를 맞닥뜨린 일은 지구인들에게 매우 위험한 사건임. 그런 상황에 호랑이를 때려눕힐 만큼 힘이 세고 용감한 사람은 똑같은 일이 닥쳤을 때 공동체에 꼭 필요한 존재가 됨. 애벌레를 보았다고 솔직하게 말한 사람보다 호랑이를 봤다고 거짓말한 사람이 더 나은 사회적 지위를 꿰차게 되는 것.

- 거짓말을 하는 것이 유리하다는 걸 알게 된 지구인 조상들은 거짓말을 더 자주 하게 되었고, 무리가 커질수록 거짓말은 점점 복잡해졌음. 이렇다 보니 지구인들은 상대방이 거짓말을 하는지 안 하는지 유심히 듣고 가려내야 했으며, 이 과정에서 지능이 발달하게 됨.

너무 많이 속이면 안 된다

- 지구인들은 말하는 상대가 누구냐에 따라 진실을 말할지 거짓을 말할지가 달라짐. 루이는 매일 만나는 우리에게는 편의점 알바생인 걸 숨기지 않지만, 오랜만에 만난 동창 앞에서는 이 사실을 숨겼음. 같은 일에 대해서도 가까운 상대에게 더 솔직하게 말할 확률이 높음.
- 하지만 어떤 지구인은 친해지기 위해서 심각한 수준의 거짓말을 하기도 함. 뮌하우젠 증후군 환자들은 몸이 아프다며 거짓말을 해서 사람들이 자신을 신경 쓰고 위로해 주기를 바람. 다른 사람의 관심을 끌기 위해 일부러 자신의 몸에 상처를 내기도 함. 지구인들이 다른 사람과의 관계를 매우 중요하게 생각하고 관계에 의존하기도 하지만, 이 환자들은 그런 욕구가 지나친 것으로 보임.
- 지구인들에게는 적당한 거짓말이 필요한 경우가 더 많음. 엄격한 진실은 듣는 지구인을 기분 나쁘게 할 수도 있기 때문. 지구인들은 고맙지 않아도 고맙다고 말하고, 미안하지 않아도 미안하다고 말해야 관계를 유지할 수 있음. 거짓말이 평화를 유지하는 필수 요소인 것. 그렇다고 거짓말을 너무 많이 하면 서로 믿지 못하는 관계가 되기 때문에, 거짓밀에도 적성한 수준을 유지하는 것이 매우 중요함. 지구에서는 명확한 기준보다 늘 '적절하고', '적당한' 수준을 찾는 것이 핵심.

지구인들의 적당한 거짓말

- 평범한 지구인들은 너무 큰 거짓말은 하지 않음. 아무리 자신에게 이익이 되더라도 적당한 선에서 거짓말을 멈춤. 어느 한 실험에서 참가자들에게 20개의 수학 문제를 풀게 한 뒤, 맞힌 문제의 수에 따라 상금을 주기로 했음. 참가자들은 평균 4개의 문제를 풀었지만 6개의 문제를 풀었다고 거짓말을 함. 실제로 자신이 푼 것보다 더 많이 풀었다는 거짓말은 하되, 20문제를 전부 다 맞혔다고는 말하지 않은 것.
- 이렇게 애매한 거짓말을 하는 이유는 지구인의 죄책감이라는 감정 때문일 수 있음. 지구인들은 거짓말을 할 때 감정을 조절하는 뇌의 편도체, 대상피질, 전전두엽이 활성화되는데, 이 부위들이 죄책감을 만듦. 지구인의 뇌가 지구인 스스로 너무 나쁜 행동은 하지 않게 막아 주는 것. 하지만 거짓말을 계속하다 보면, 편도체가 그 상황에 익숙해져서 더 이상 반응하지 않게 됨. 이런 경우 지구인들은 죄책감과 후회 같은 감정을 느끼지 못함. 지구인의 뇌는 어느 수준까지만 거짓말을 하고, 나머지는 진실을 따르도록 진화한 것으로 보임.
- 또 다른 이유는 거짓말이 그럴듯하고 진실처럼 보여야 하기 때문. 그래서 참가자들은 실제로 자신이 맞힌 숫자보다 아주 조금만 더 많이 맞힌 것으로 거짓말을 함. 이 실험에서 지구인들이 생각한 적정한 거짓말은 20문제 중 4개를 맞혔으나 6개를 맞혔다고 말하는 것임. 8개나 10개라고 말하는 것과 무엇이 다른지는 미지수. 적당한 거짓말의 기준은 매우 모호함.

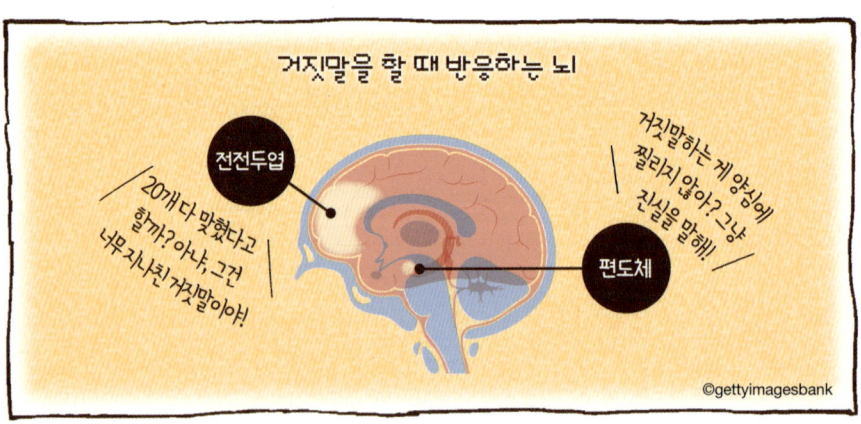

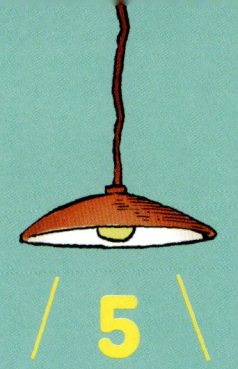

5

비밀은 없다

지구인의 이야기는 앞뒤가 다르다

탁. 책 덮는 소리가 유난히 컸다. 유니는 슬며시 주변의 눈치를 보았다. 아무도 유니에게 관심을 두지 않았다.

'어휴, 내 마음도 책처럼 탁 덮을 수 있으면 좋겠다.'

유니는 한숨을 푹 쉬었다. 황금 같은 점심시간에 갈 곳도 없고, 이야기 나눌 사람도 없다. 외로움이 확 밀려왔다.

'유니야~, 매점 앞에서 잠깐 보자. 수지 조퇴했어.'

서연이에게서 메시지가 왔다. 수지에게 절교당한 뒤 어쩔 수 없이 멀어진 서연. 수지가 없을 때만 겨우 만날 수 있는 서연. 유니는 서연에게 서운한 마음이 많았다. 하지만 해진과 수현의 정다운 모습을 힐끔거리는 것보다는 서연이랑 수다 떠는 게 낫겠지! 유니는 얼른 답장을 했다.

'지금 갈게.'

서연은 유니의 손을 잡고 폴짝폴짝 뛰었다. 헤어진 쌍둥이라도 만난 듯 반가워했다. 유니가 좋아하는 초코 음료까지 내밀었다. 서운했던 유니의 마음이 스르르 풀렸다.

"고마워, 헤헤."

　둘은 학교 벤치에 나란히 앉았다. 서연이는 곧장 수지에 대한 불평을 늘어놓았다.

"수지랑 둘만 다니니까 좀 피곤해. 알지? 자기가 하고 싶은 것만 하는 거. 말 안 들어 주면 삐치고. 어휴, 시험 기간 되면 더 난리일 텐데……."

　유니는 수지에 대한 이야기는 듣고 싶지 않았지만 그냥 묵묵히 들었다. 한참 뒷담화를 하던 서연이 갑자기 물었다.

"근데 해진이는 어딨어? 맨날 같이 다니잖아."

"응, 도서실에."

유니는 서연의 말을 들을수록 쓸쓸해졌다. 솔직히 서연의 말이 다 맞다. 겨우 마음 맞는 친구를 만났는데 남친에게 빼앗긴 느낌, 하나도 괜찮지 않다. 게다가 그 남친이 내가 첫눈에 반한 남자애라 더 괜찮지 않다. 이런 마음은 아무에게도 말할 수 없다. 서연에게도, 해진에게도 절대 말하지 못한다.

유니는 그냥 장난스럽게 대꾸했다.

"맞아, 나 안 괜찮아. 내가 먼저 남친을 사귀었어야 하는데, 능력이 없어서 안타까워 죽겠어. 하하하."

서연도 손뼉을 치며 맞장구를 쳤다.

"맞아. 우린 남친도 못 사귀고 뭐 했나 몰라~."

유니는 서연과 같이 한참을 깔깔거렸다.

"근데 해진이 남친은 어떤 애야?"

서연이 불쑥 물었다.

순간 유니의 머릿속에 그 애를 처음 만난 순간이 스르륵 펼쳐졌다. 웹툰 작가가 꿈인 근사한 아이.

"나도 잘 몰라. 도서실에서 맨날 자고, 이상한 만화 그리고, 자전거도 거칠게 타고……."

유니는 마음과는 반대로 말했다.

"엥? 제멋에 사는 애, 그런 거야? 그런 애들 진짜 싫어! 해진이는 모범생이면서 왜 그런 애랑 사귄대? 진짜 안 어울린다. 그렇지 않아?"

서연이는 인상을 찌푸리며 호들갑을 떨었다. 순간 유니는 정신이 번쩍 났다. 서연이는 소문에 빨랐다. 연예인 이야기든 학교 커플 탄생이든, 남보다 빨리 알아서 퍼트리는 것이 정보력이라고 생각했다. 유니는 얼른 말을 바꿨다.

"아니, 수현이가 그런 애는 아니야."

"오! 해진이 남친 이름이 수현이야? 3반 애?"

"아니, 5반 애야. 절대 비밀이다."

"알았어. 해진이가 5반의 이상한 애랑 사귀는 거 난 몰라. 네가 말해 줬다는 건 정말 비밀."

"내가 언제 말해 줬다고 그래? 아니라니까, 응?"

"알았어. 걱정 마."

"어휴, 나 먼저 갈게. 해진이 얘기 절대 하지 마. 알았지?"

유니는 서연에게 신신당부하고 도망치듯 자리를 떴다.

며칠 뒤 유니는 복도에서 수현을 마주쳤다. 해진의 남친이 된 다음부터 수현은 유니를 보고 웃으며 인사해 준다. 유니는 평소처럼 수현에게 인사하려고 손을 들었다.

해진의 분위기가 이상하게 쌀쌀맞았다. 불안한 느낌이 덜컥 들었다. 유니는 자리에 앉아 교실을 한 바퀴 둘러보았다. 언뜻 눈을 마주친 서연이 고개를 돌렸다.

유니는 간식으로 가져온 초콜릿을 꺼냈다.

"해진아, 이거 먹을래?"

"고마워."

해진은 유니와 눈도 마주치지 않고 초콜릿만 받았다. 평소에 엄청 좋아하는 건데 먹지도 않고, 주머니에 넣지도 않았다. 그냥 책상 위에 올려놓았다. 유니는 확신했다.

해진은, 지금, 유니를 피하고 있다.

유니의 마음이 확 쪼그라들었다. 수지의 눈치를 보느라 힘들었던 기억이 펼쳐졌다.

'내가 뭘 잘못했지?'

유니는 수업 시간 내내 해진의 뒷모습을 힐끔거리며 고민했다. 자신 없고 눈치 보는 예전의 모습으로 돌아온 것 같았다.

'유니야, 너 이렇게 살지 않기로 했잖아. 혼자서 끙끙 앓지 말고 말을 하란 말이야. 별일 아닐지도 모르잖아.'

쉬는 시간에 유니는 해진이를 따로 불렀다.

"해진아, 혹시 나한테 기분 나쁜 일 있어?"

"응? 아니, 그런 건 아니고."

해진이가 뜸을 들였다. 불길한 예감이 유니를 덮쳤다.

"내가 들은 말이 있어서 생각 좀 하느라고……. 네가 그럴 리 없을 것 같긴 한데……."

순간 유니의 머릿속에 서연이 떠올랐다. 혹시 서연이가 소문을 퍼트렸나?

"네가 수현이랑 나랑 사귄다고 소문 퍼트리고, 수현이를 이상한 애라고 그랬다던데……."

유니는 심장이 쿵 내려앉는 것 같았다. 아니라고 우길까? 괜히 사실대로 말했다가 친구 뒷담화했다고 절교당하면 어떡해? 끝까지 우기면 해진이가 믿을지도 몰라. 하지만…….

유니는 사과를 택했다. 해진이를 진정한 친구로 생각한다면 괴롭지만 사실대로 말하는 게 옳았다.

"정말? 왜 그랬어? 우리 친구 아니니?"

해진의 얼굴에 실망의 빛이 스쳤다. 이대로 해진이랑 끝나게 될까? 유니는 가슴이 찢어지는 것 같았다.

"변명처럼 들리겠지만, 일부러 소문내려고 한 건 아니야. 서연이가 너 남자 친구 생겨서 외롭지 않냐고 꼬치꼬치 묻기에 아니라고 변명하다가, 말이 꼬여서 말실수를 하고 말았어. 정말 미안해, 해진아."

해진은 잠시 생각에 잠겼다. 유니는 속이 바짝바짝 탔다. 해진이가 용서만 해 준다면, 다시는 친구는 물론이고 연예인 뒷담화도 하지 않겠다고 속으로 빌고 또 빌었다.

"알았어. 네 사과 받을게. 실수로 말했다는 거 믿을게. 그래도 앞으로는 이런 일 없으면 좋겠어. 나, 많이 속상했거든."

유니는 해진이를 덥석 안았다.

진실한 우정이란 이런 거구나. 친구가 나를 버릴까 봐 눈치 보는 관계가 아니라 자신의 감정을 솔직하게 말하고, 서로 이해하는 관계!

"근데 유니야, 네가 보기에 수현이 정말 이상해?"

해진이 불쑥 물었다.

"아니야. 하나도 안 이상해. 솔직히 멋있어. 꿈도 확실하고, 그림도 잘 그리고, 자전거도 잘 타고……."

유니는 진심을 말해 버렸다.

"나도 그렇게 생각해."

해진이가 웃었다.

그날 집에 가는 길에 유니는 마스크를 하나 샀다. 입을 꽉 막아서라도 다시는 뒷담화를 하지 않겠다고 단단히 결심했다.

보고서 43
지구인에게 가장 인기 있는 이야기

2019년 12월 4일 아우레 7386년 1월 11일 작성자: 바바

지구 사건 개요

* 유니가 바바 개를 찾는 횟수가 늘어남. 유니는 내가 자신의 말을 알아듣지 못한다고 생각해서 말을 더 많이 하는 것 같음. 지구인들의 언어는 의사소통 수단이지만, 유니는 나와 의사소통을 바라는 것이 아니었음. 그럼 왜 그렇게 말을 많이 하는 걸까?

* 오늘도 유니의 걱정은 다른 사람과의 관계에서 비롯되었음. 친구와 의사소통을 하던 중에 말실수를 했다고 생각한 것. 지구인들의 다툼은 주로 말 때문에 시작되는 경우가 많기 때문에, 유니는 이것을 매우 걱정하고 있음. 그렇다면 말을 좀 덜하면 될 텐데, 그러면서도 말을 줄이지 않는 지구인들은 참 이상함.

지구인들에게 뒷담화란

- 지구인들은 다른 지구인에 대해 이야기하는 걸 매우 좋아함. 다른 사람이 무슨 일을 했는지, 누구와 친하게 지내는지, 좋은 사람인지 나쁜 사람인지에 대한 정보를 끊임없이 교환함. 어느 연구에 따르면 지구인들이 나누는 대화의 70%는 자리에 없는 사람 이야기라고 함. 이것으로도 모자라, 인터넷, SNS 등 여러 매체를 이용해 하루 종일 타인에 대한 정보를 수집함.

- 지구인들은 상대방의 기분을 상하게 할까 봐, 이 말을 하면 나에게 피해가 올까 봐 같은 이유로 할 말을 참는 경우가 많음. 이렇게 앞에서 하지 못한 말들이 모여서 뒷담화가 됨. 평소에는 듣기 힘든 자극적이고 은밀한 내용이 뒷담화 자리에서 오가기 때문에 지구인들은 뒷담화를 매우 재미있다고 생각함.

- 특히 자신보다 더 나은 지위에 있다고 생각하는 사람을 깎아내리는 이야기가 자주 등장함. 다른 사람이 추락하는 모습을 보는 것이 지구인들에게 일종의 우월감과 만족감을 주기 때문. 기분이 좋기 위해 남을 욕하기도 하는 이기적인 생명체임.

뒷담화의 대단한 효능

- 인류학자들은 뒷담화가 문명을 이룩하는 데 매우 큰 역할을 했다고 주장함. 피라미드를 세우고, 국가를 만들고, 우주선을 날리기 위해서는 많은 인원이 필요한데, 이를 위한 사회적 협력을 강화한 것이 바로 뒷담화라는 것.
- 인류학자 로빈 던바의 연구에 따르면 지구인이 인지적으로 관리할 수 있는 지구인의 수는 최대 150명. 하지만 거대한 건물을 세우기 위해 이보다 훨씬 많은 수의 지구인이 필요한 경우도 있었음. 예를 들어, '피라미드'라는 오래된 건축물의 경우, 약 4,000~10,000명의 지구인이 10~23년 동안 쌓아서 만듦. 지구인들은 더 큰 성취를 이루기 위해 모르는 사람과 힘을 합쳐야 했는데, 이때 뒷담화를 통해 누가 믿을 만한지, 누구를 무리에서 빼야 할지 정했다고 함.
- 또 다른 가설도 있음. 지구인들은 자리에 없는 제3자를 적으로 만들며, 지금 같은 자리에 있는 사람들이 서로 친구임을 확인함. 우리들만 아는 이야기, 우리끼리만 공감하는 이야기를 하며 유대감을 강화하는 것. 뒷담화를 통해 서로 같은 생각을 가지고 있음을 확인한 지구인들은 더욱 끈끈하게 연결될 수 있음.
- 때로는 뒷담화가 바른 행동을 이끌기도 함. 어느 네덜란드 연구진은 실험 참가자들에게 물건을 팔도록 시키고 시장 상황극 도중에 긍정적 내용의 뒷담화와 부정적 내용의 뒷담화를 각각 들려줌. 긍정적 뒷담화를 들은 참가자들은 자신 또한 그 사람처럼 물건을 잘 팔고 싶어 하는 열정을 보임. 반면 부정적 뒷담화를 들은 참가자들은 자신은 그렇지 않다며 방어적인 모습을 보였다고 함. 지구인들은 뒷담화의 대상이 되지 않기 위해 사회적으로 바람직한 행동을 하려 함.

117

지구인은 언어로만 의사소통을 하지 않는다

- 지구인들은 의사소통을 할 때 다양한 요소를 이용함. 우주에 사는 수많은 생명체들 중에 가장 말을 많이 하는 종이긴 하지만, 이것만으로는 의사소통이 완벽하지 않다고 생각함.
- 지구인들은 자신이 생각하는 바를 정확한 언어로 표현하는 데 어려움을 느낌. 그래서 다양한 신체 활동을 의사소통에 활용함. 지구인과 의사소통을 할 때는 이러한 신체적 표현까지 조합해야, 지구인의 의도를 가장 근접한 상태까지 이해할 수 있음. 예를 들어, "좋네."라고 말할 때 웃는 표정이라면 정말 좋다는 뜻이지만, 무표정이라면 정말 좋은 건지 아닌지 다시 한번 판단해야 함.
- 이것 때문에 '맥거크 효과'라는 특이한 현상이 생김. '가'라고 말하는 동영상을 보여주면서 '바'라는 소리를 들려주면 '다'를 듣는다고 착각함. 보는 소리와 듣는 소리가 일치하지 않으면, 이 모순을 해결하기 위해서 뇌가 그 중간의 소리를 만들어 내는 것. 여러 가지 정보가 일치하지 않는 경우, 의사소통이 원활하게 일어날 리가 없음.
- 지구인들과 대화할 때는 목소리의 크기와 높낮이는 어떤지, 말하는 속도는 얼마나 빠른지, 팔짱을 끼고 있는지, 몸이 움츠러들어 있는지 등까지 모두 확인해 종합적으로 판단해야 함.

거짓말을 하면 길어지는 지구인의 코

'피노키오'라는 지구의 유명한 동화는 거짓말을 하면 코가 길어지는 인형에 대한 이야기다. 실제로 지구인은 거짓말을 하면 코가 약간 길어진다. 거짓말을 들킬지도 모른다는 긴장감 때문에 카테콜아민이라는 교감 신경 호르몬이 분비되면서 땀이 나고 혈관이 팽창한다. 이때 코의 길이가 미세하게 길어진다. 아우린에게 거짓말을 하는 지구인을 만나면 아우린의 정확한 눈으로 코의 길이를 측정해서 거짓말 여부를 판단할 것.

코가 정말 길어진다니!

©Shutterstock

6

유에프오를 잡아라

지구인들은 일부러 부정확하게 말한다

지구인들은 날씨의 영향을 많이 받는다. 자연으로부터 인간을 지켜 줄 도시 보호막이 없으니 당연한 일이었다. 구름 한 점 없이 맑은 날이면 지구인들은 집 밖으로 뛰쳐나와 화창한 날씨를 즐겼다. 물론 지구인들의 취향은 매우 다양해서 맑은 날씨를 싫어하는 지구인도 있었다.

보스는 맑은 날이면 짜증이 솟구쳤다. 화창한 날에는 주름살이 더 도드라져 보이기 때문이다. 이 젊은 나이에 주름살 걱정이라니! 이게 다 외계인 때문이었다.

"외계인, 잡히기만 해 봐라!"

주름살과 외계인이 무슨 상관일까? 줍줍도 보스처럼 주름살이 많지만 외계인을 미워하기는커녕 관심도 없다. 외계인 라후드는 보스를 이해하지 못했다. 하지만 지금 보스에게 필요한 게 무엇인지는 알았다. 라후드는 지구인 전문가가 다 되었으니까.

라후드는 커피에 얼음을 가득 넣었다. 설탕 시럽은 퐁퐁퐁 세 번. 혀가 얼얼할 정도로 달게. 적당한 당분은 지구인을 기분 좋게 만든다. 지나친 당분은 지구인의 건강을 망치고 짧은 수명을 더 단축시키지만.

보스는 달고 차가운 커피 덕분에 평온을 되찾았다. 하지만 지구인의 평온은 약간의 외부 자극으로도 금방 깨진다.

"외계에서 날아온 우주선이 확실해?"

보스는 금세 흥분해서 얼굴이 벌게졌다.

라후드는 청각 기능을 최대로 키웠다. 진짜 외계 우주선이라면 정보를 최대한 많이 수집해서 아우레 탐사대에게 알려야 한다.

"에일넷의 특별방에 올라온 정보예요."

에일넷은 외계인을 찾는 지구인들이 정보를 나누는 국제 조직망이다. 전 세계에 흩어져 있는 회원들은 에일넷을 통해 자기 지역에 나타난 외계인의 단서를 공유했다.

에일넷의 회원 대부분은 순수한 호기심으로 외계인을 찾았다. 하지만 일부는 목적이 따로 있었다. 주요 국가 정보국의 외계인 담당자들은 외계인의 지구 공격을 대비하기 위해 정보를 모았다. 몇몇 학자들은 인류가 풀지 못한 수학 문제의 해결책을 찾기 위해 외계인을 기다렸다. 외계인 정보를 이용해 큰돈을 벌려는 사기꾼들도 있었다. 그리고 보스의 부하들은 보스의 명령으로 잠입하여 외계인의 정보를 노리고 있었다.

그들은 에일넷의 수많은 정보 중 믿을 만한 것을 골라 함께 연구했다. 외계인을 발견하면 혼자 차지하지 말고 공유하자고 약속했다. 실제로 외계인이 나타나면 그 약속이 어떻게 될지 모르지만…….

보스는 버럭 소리를 질렀다. 평소에도 자주 화를 내지만 외계인에 대한 일이라면 더 참을성이 없다.

"보스가 안 믿으실 줄 알고 확실한 증거를 준비했습니다. 놀라지 마세요. 우주선이 가장 선명하게 찍힌 영상을 확대해서 보정했어요. 진짜 유에프오는 어떻게 생겼을까~요? 짠!"

보스보다 라후드가 더 놀랐다. 사진 속 우주선은 라후드가 잘 아는 우주선이었다. 심지어 타 본 적도 있었다. 아우레 행성의 미니미 우주선이니까.

'미니미 우주선의 정체를 들켰다면 다음은 아우린 차례?'

당장 달아나야 한다. 외계인 추적자들이 쫓지 못하는 곳으로 숨어야 한다.

라후드는 슬금슬금 뒷걸음질을 쳤다.

라후드가 막 카페 문을 나서려는 순간, 카페 손님 하나가 라후드를 밀치고 뛰쳐나갔다. 모두가 들을 수 있을 만큼 큰 소리로 혼잣말을 하면서.

"큰일 났어! 유에프오 사진이 다 퍼져 버렸다. 에일넷에서 정보가 샜나 봐."

'유에프오? 검은 양복이 말한 그 우주선 말인가?'

라후드는 몰래 손님을 쫓아 나갔다. 검은 양복도 살그머니 뒤를 따랐다.

수상한 손님은 유에프오 카페 옆에 숨어서 비밀 통화를 했다. 손으로 입을 가렸지만 목소리가 워낙 컸다.

보스가 통화 종료 버튼을 누르자, 윤박과 검은 양복이 동시에 환호했다.

"드디어 유에프오가 우리 손에 들어오나요?"

"외계인을 찾을 날이 머지않았어요!"

라후드는 더는 참지 못하고 보스에게 달려가 물었다.

"진짜 미니미 우주선이에요?"

순간 보스의 눈이 날카롭게 빛났다.

"미니미 우주선이 뭐지?"

뭔가 알고 있다는 사실을 들키지 않고 정보를 빼내야 한다. 라후드는 일단 둘러댔다.

"아까 그 사진 속 우주선 얘기 아니에요? 작고 귀여워서 미니미 우주선이라고……."

외계인 추적자들은 어렵게 알아낸 정보를 지켜야 한다. 위험하지 않아 보이는 라후드에게도 들키면 안 된다.

"하하하, 라후드 씨도 참. 우주선이라뇨. 세상에 외계인이 어디 있어요?"

검은 양복이 천연덕스럽게 웃으며 시치미를 뗐다.

"분명 우주선이라고……."

보스는 어리둥절해하는 라후드를 카페 밖으로 떠밀었다.

"라후드 씨, 오늘 일은 끝났어요. 그만 퇴근해요."

　라후드는 본부로 돌아와 긴급회의를 열었다. 외계인 추적자들에게 얻은 정보를 탈탈 털어놓았다. 당장 달아나야 한다는 자신의 의견까지 더했다.

　"미니미 우주선을 조사하면, 아우린의 정체도 들킬 가능성이 크다. 우리는 외계인 추적자들에게 잡혀 해부당하고, 전기 고문 당하고, 원심 분리기에서 뱅글뱅글……. 끔찍하다. 당장 임시 본부를 떠나자."

　라후드는 짐 가방을 쌌다. 탕탕면이랑 젓가락이랑 텀블러랑 도시락 통이랑……. 지구에 온 지 얼마 되지도 않았는데 소중한 물건이 너무 많아져 버렸다.

행성 지도부인 루나가 그 정도의 대비책도 없이 지구를 돌아봤을 줄 알고? 루나는 우주선의 투명 처리에 대해 당당하게 설명했다.

"미니미 우주선이 빠르게 이동하는 동안 메타 물질이 손상되어 투명도가 저하될 수 있다."

아우린 최고의 과학자 아싸가 지적했다.

루나는 미처 거기까지 계산하지 못했다. 루나의 실수로 탐사대는 추적자들에게 들킬 위험에 처했다.

"내 판단이 틀렸음. 인정한다."

뛰어난 이성의 아우린은 잘못한 선택을 책임진다. 루나는 현재 상황에서 최선의 해결 방법을 생각해 냈다.

"지구인에게 정체를 들키기 전에, 탐사대가 먼저 지구인을 모두 제거한다."

루나는 비장한 표정으로 눈을 빛냈다. 하지만 라후드는 루나의 해결책을 듣자마자 투덜거렸다.

"또? 루나는 지구인 제거밖에 몰라."

아싸도 의문을 제기했다.

"루나의 임무는 지구인 탐구가 아니라 지구인 제거인가?"

바바도 현재 상황을 알려 주었다.

"행성의 명령에 따라 지구인 제거는 보류되었다."

다른 탐사대원들이 반대했지만 루나는 통신실에 숨겨 둔 생물종 제거 장치를 찾으러 갔다. 그런데 아무리 뒤져도 제거 장치가 보이지 않았다. 통신실을 발칵 뒤집고, 임시 본부를 발칵 뒤집고, 마당까지 파헤쳤지만 못 찾았다.

"생물종 제거 장치가 사라졌음. 분명히 통신실에 두었음. 지구인이 훔쳐 간 게 분명함."

루나는 확신했다.

오로라도 확신했다. 기억력마저 가물가물한 루나의 이성을 100% 믿을 수는 없다고. 아우린의 정체를 들키지 않기 위한 방법은 탐사대장 오로라가 찾아야 한다고.

"보스가 빼돌리려는 우주선을 우리가 빼돌린다. 아우레로 귀환시켜 증거를 없앤다. 오늘 밤, 보스의 차를 몰래 쫓는다."

아우레 탐사대는 한밤중에 편의점으로 우르르 몰려갔다.

"루이, 자동차 좀 빌려줘. 지금 당장."

루이는 눈이 똥그래졌다.

자동차는 루이에게 가장 소중한 물건이었다. 재수의 스포츠카처럼 근사하지는 않지만, 그보다 아주 많이 싸고, 많이 작고, 많이 오래된 헌 차지만 루이의 보물 1호다.

'싫어요. 못 빌려줘요.'

루이는 딱 잘라 거절하고 싶었다. 하지만 대호를 맡아 주기도 했던 친절한 이웃의 부탁을 냉정하게 거절하기도 미안했다. 루이는 거절의 뜻을 담뿍 담아 핑계를 댔다.

오로라는 루이 말의 속뜻을 이해하지 못했다. 루이는 또 다른 핑계를 댔다.

바바 역시 루이의 완곡한 거절을 눈치채지 못했다.

"하하, 그러시구나. 어쩌나, 제 차는 너~무 작아서 여러분이 다 못 타요. 4인승이거든요."

이번 핑계는 통했나? 오로라가 가족들을 돌아보았다.

"애들은 두고 간다. 차는 어디 있죠, 루이 씨?"

루이는 울상이 되었다. 이렇게 눈치 없는 사람들은 처음이었다. 하는 수 없이 루이는 차를 내놓았다. 그러나 운전대까지 내주지는 않았다.

"어디 가시는데요? 제가 태워다 드릴게요."

보고서 44
지구인을 속이는 방법

🌏 2019년 12월 5일　🛸 아우레 7386년 1월 16일　작성자: 라후드

지구 사건 개요

* 비상사태! 아우린의 정체가 지구인에게 발각될 위기에 처했음. 외계인 정보 공유 카페 에일넷에 미니미 우주선의 사진이 올라온 것을 확인함. 외계행성탐사수칙 제Ae조 B6항에 따라, 아우레로 돌아갈 긴급 우주선을 요청함. 지구에서 꼭 가져가야 하는 물건이 있으니, 큰 우주선을 보낼 것.
* 에일넷에서 활동하는 콩 박사와 스타스타11에 대한 조사 자료를 요청함. 아주 중요한 외계인 정보를 가지고 있는 걸 보니, 외계인 추적자 중에서도 대단한 능력을 지닌 추적자인 것 같음. 못 먹는 음식, 싫어하는 동물 등 약점이 될 수 있는 건 모조리 조사해서 보내 주길 바람!
* 탐사대 내부에 분열이 일어남. 오로라는 루나의 이성을, 루나는 모두의 이성을 의심함. 더 이상의 분열을 막기 위해 당장 지구를 떠나야 함.

일부러 부정확하게 말하는 지구인들

- 지구인들은 너무 정확하게 이야기를 하면 기분 나빠함. 보스는 주름살이 세 개 늘었다고 정확하게 말해 준 윤박에게 매우 화를 냄. 살찐 것 같지 않냐고 묻는 검은 양복에게 정확한 체지방 비율을 말해 준 결과도 좋지 않았음. 부정확하게 말한 것을 알아듣지 못해도 문제가 생김. "라후드 씨, 목마르지 않아요?"라고 물은 보스는 아니라고 대답하자 나를 째려봄. 알고 보니 그건 물을 달라는 의미였음.
- 이 외에도 "생각해 볼게.", "내가 좀 바빠서." 같은 말도 부정확하게 말하기의 일종. 지구인들은 똑바로 말하지 않으면서도 자기 마음을 알아주기를 바라는 비효율적인 언어 구조를 가지고 있음.

<몬스터즈 손오공을 소개합니다>

나는 세계 최강 원숭이다!

특징 1
머리 위에 반짝이는 금고아 착용

특징 2
언제 어디서든 부르면 날아오는 근두운 보유

30초로 보는 몽스터즈

아울북의 새로운 손오공 등장!
고전 소설 서유기가
신나는 모험으로 다시 태어났다!

재밌다!

유익하다!

↳ 손오공 빅카드를
드립니다!

NEW

안녕! 나야
마법천자문 손오공.
내 동생들이 나온다고 하니까 기대해 줘!
다시 읽고 싶은 무한 재미 보장!

마법천자문
손오공
추천도서

아울북

지구인들은 매우 잘 속는다

- 아우린이 지구인에게 거짓말을 해야 하는 때도 있을 것임. 예를 들어, 외계인이 아니라고 말해야 할 때. 지구인에게 완벽하게 거짓말할 수 있는 방법을 연구해 보았음.
- 내가 찾은 한 가지 방법은, 지구인이 외모를 매우 신경 쓴다는 점을 이용하는 것. 실제로 가짜 과학자의 말도 안 되는 강연을 아주 열정적이고 유머러스한 태도로 말했을 때, 지구인들은 강의 내용을 매우 좋다고 평가함. 단지 양복을 입고 자신감 있게 말했을 뿐인데 대단한 강의를 들었다고 착각한 것. 지구인들을 속이기 위해서는 첫 번째, 멋져 보여야 함.
- 여기에 지구인들이 일반적으로 대화의 진실과 거짓을 구분하려고 노력하는 것을 매우 피곤해한다는 것을 이용할 것. 외계인이냐는 질문을 받았을 때, 권위 있는 외계인 전문가(로 변장한 다른 아우린)가 멋진 옷을 차려입고, "이 사람은 외계인이 아닌 것으로 판명됐습니다."라고 말해 주기만 하면 지구인들은 더 이상 의문을 갖지 않을 것임. 이렇게 속이기 쉬운 생명체가 이 아름다운 행성을 지배하고 있다는 사실이 놀라움.

뇌가 말랑해지는 시간 1

탕탕면을 먹은 범인은 누구?

지난 일요일, 라후드는 써니, 줍줍, 오로라, 바바와 함께 캠핑을 갔다.
열심히 텐트를 친 후, 배가 고파진 라후드는 오후 3시쯤
숨겨 놓았던 탕탕면이 없어진 것을 발견했다.
용의자는 네 명! 라후드는 수사를 시작했다.

오늘 2시에서 3시 사이, 다들 뭘 하고 있었죠?

캠핑장을 한 바퀴 둘러보고 왔어요! 내가 의심스러우면 다람쥐한테 물어보세요. 산책 중에 다람쥐를 만났단 말이에요.

난 지구 음식은 먹지 않는다. 그때는 불을 피우고 있었다. 가방에는 손도 대지 않았다.

아유~, 여기까지 오느라고 너무 피곤해서 차에서 조금 잤는데? 체력이 예전 같지 않다니까.

저녁 식사 준비를 위해 음식을 꺼내고 정리했다. 아무도 본 사람은 없지만, 나는 아니야.

알리바이를 듣고 있던 라후드가 눈을 번쩍 떴다.
"범인은 이 안에 있어!"

*정답은 164쪽에서 확인!

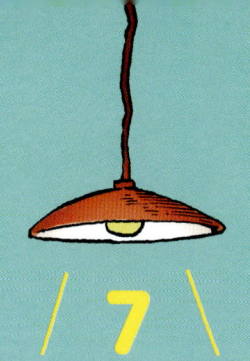

7

한밤의 구출 작전

보스 일당이 탄 차는 고속도로를 위태롭게 달렸다. 윤박은 운전을 하는 틈틈이 룸 미러로 뒤를 살폈다.

"보스, 미행을 따돌렸어요. 곧 목적지에 도착합니다."

윤박의 차는 좁고 복잡하고 깜깜한 도로를 한참 달려 커다란 창고로 들어섰다. 희미한 가로등이 건물 앞을 겨우 밝히고 있는 외진 곳이었다. 검은 양복은 접선 장소를 다시 한번 확인했다.

"주소는 맞는데, 너무 깜깜해. 왠지 무서워. 아무도 없잖아."

"당연하지. 우린 정보국 요원들을 따돌리고 유에프오를 훔치러 왔잖아. 아무도 없는 곳에서, 아무도 모르게 거래를 해야지."

윤박의 말이 옳았다. 검은 양복은 대꾸할 말이 없어서 보스의 눈치만 슬쩍 보았다. 뒷자리의 보스는 눈을 감은 채 여유 있게 앉아 있었다. 역시 담력 짱, 보스다웠다.

"도착했습니다, 보스."

윤박은 흐릿한 가로등 밑에 차를 세웠다.

보스는 눈을 번쩍 떴다. 오랜만에 가슴이 설레었다. 드디어 유에프오를 찾았다. 그토록 미워한 외계인, 끈질기게 찾아다닌 외계인에게 성큼 다가선 느낌이었다.

덜컥. 갑자기 보스 쪽 문이 열렸다.

　스타스타11은 할머니를 대하듯 공손하게 굴었다. 보스는 노인이 아니다. 노인 대접은 딱 질색이었다.

　"휠체어라니? 나는 두 다리가 튼튼한 젊은이야. 우주선은 어디 있지? 건물 안인가?"

　보스는 허름한 건물 쪽으로 뚜벅뚜벅 걸었다. 윤박과 검은 양복이 뒤를 바짝 따랐다.

　"잠깐만요."

　스타스타11이 대뜸 윤박과 검은 양복을 가로막았다.

　"보스는 건물로 먼저 들어가시고, 두 분은 저 좀 도와주세요. 정보국에서 눈치챘어요. 보스가 타고 온 차로 그들을 유인해 따돌려야 해요. 급해요. 시간이 없어요."

스타스타11은 발을 동동 굴렀다. 운전이라면 자신 있는 윤박이 나섰다.

"정보국은 제가 맡을게요."

"그럼 난 보스를 지킬게."

검은 양복은 보스 쪽에 섰다.

"정보국 놈들과 육탄전을 벌일 수도 있어요. 우리 쪽 인원이 많아야죠. 싸움도 엄청 잘하실 것 같은데……."

스타스타11이 검은 양복에게 말했다.

검은 양복은 머뭇거렸다. 보스가 걱정돼서…라기보다, 사실은 싸움을 못해서……. 검은 양복은 정보국 요원과 맞붙는다는 생각만 해도 다리가 덜덜 떨렸다. 검은 양복은 보스의 옷자락을 잡았다. 보스는 그 손을 탁 쳐 냈다.

쾅! 보스가 건물 안으로 들어가자마자 문이 닫혔다. 소름 끼치게 크고 날카로운 소리를 내며.

검은 양복은 뒷머리가 쭈뼛 서는 것 같았다.

"스타스타11 님, 콩박은 건물 안에 있나요? 보스를 잘 모시겠지요?"

쾅! 보스의 뒤에서 문이 닫혔다. 날카로운 문소리가 유난히 거슬린다고 생각한 순간 보스는 콩 박사에게 잡혔다.

"무슨 짓이야, 콩박?"

"보스, 돈 가방만 내놓으면 무사히 풀어 줄게요."

콩 박사는 보스를 의자에 꽁꽁 묶었다. 보스는 재빨리 주변을 훑었다.

건물 안은 텅 비어 있었다. 우주선 같은 건 처음부터 없었다. 스타스타11과 콩 박사가 에일넷에 올라온 사진을 미끼로 보스에게 사기를 친 것이다. 보스는 자신이 납치된 것보다 유에프오가 없다는 사실에 더 충격을 받았다.

아우레 탐사대는 보스가 내린 건물 가까이에 조용히 차를 세웠다. 루이는 등골이 오싹했다.

"여기가 어디예요? 무슨 일이……."

루이는 묻다 말고 정신을 잃었다. 바바가 기억 제거 장치를 작동시켰다. 루이의 안전을 위해서였다. 유에프오 사건을 알게 되면, 아우린의 정체를 눈치챌 가능성이 높아지고, 그러면 제거당할 가능성도 높아진다.

바바는 차 밖으로 나가 외계 방사선 탐지기를 작동시켰다. 이곳에 우주선이 있다면 엄청난 양의 외계 방사선이 감지되어야 한다. 하지만 아무런 신호도 잡히지 않았다.

오로라는 청각 기능을 높였다. 지구인들의 말소리가 또렷하게 들렸다.

오로라는 알게 되었다. 아우레의 미니미 우주선은 여기 없다는 것을, 외계인 추적자들이 속았다는 사실을.

"유에프오는 없다. 아우린의 정체를 들킬 가능성은 낮다. 모두 차에 타도록. 임시 본부로 돌아간다."

"그럼 보스는 누가 구해 줘?"

라후드가 물었다. 오로라는 이해하지 못했다. 보스 일은 보스에게 물어야 한다.

"못된 지구인들에게 속은 모양인데, 구해 줘도 나쁘진 않겠지."

바바까지 지구인들의 일에 끼어들기를 원했다. 그냥 지구인도 아니고, 아우린의 정체를 위협하는 외계인 추적자들을 돕길 원했다.

'돕기'는 참견하기 좋아하는 지구인들의 습성이다. 남이 하는 일이 잘되도록 거들거나, 위험한 상황에 빠진 사람을 벗어나도록 해 주는 일이다. 남의 일에 관여하지 않는 아우린은 '돕기'를 하지 않는다.

'라후드와 바바는 왜?'

오로라는 어리석은 지구인의 어떤 점이 아우린의 생각을 바꾸는지 궁금했다. 그 의문을 풀기 위해 오로라는 일단 이 지구인들을 살리기로 했다.

루이는 한참 만에 정신을 차렸다. 자동차 안에는 아무도 없었다. 주변은 아주 깜깜했다. 흐릿하게 켜져 있던 가로등과 건물의 불빛도 모두 꺼져 있었다.

　루이는 덜컥 겁이 났다. 밖은 깜깜해서 무섭고, 안은 혼자라서 더 무서웠다. 루이는 조심스럽게 자동차의 시동을 걸었다.

　부릉.

　"으아아악!"

　헤드라이트의 불빛이 건물 앞을 밝히는 순간, 루이는 소스라치게 놀랐다. 자동차 앞에는 사람처럼 보이는 것들이 누워있었다. 루이는 살금살금 차 밖으로 나갔다.

"큰일 하셨네요. 이제부터는 저희가 맡겠습니다."

경찰은 콩박과 재수를 경찰차에 태워 갔다.

루이는 어리벙벙한 상태로 자동차로 돌아왔다. 기다리던 아우린들이 루이를 재촉했다.

"루이 씨, 어서 출발해요."

"아……, 어떻게 기억이 하나도 안 나죠? 제가 어떻게 싸웠어요? 겨우 태권도 1단인데 발차기로 해치웠나? 아님 킥복싱? 킥복싱은 한 달밖에 안 배웠거든요."

"맞아, 발차기 멋졌다. 주먹도 셌고. 이제 출발하자."

라후드는 무조건 맞장구를 쳤다. 바바도 거들었다.

"아주 훌륭했어요."

"정말요? 갑자기 너무 힘을 써서 기억이 안 나는 거겠죠?"

루이는 비로소 안심을 하고 출발했다. 아우린들도 마음을 놓았다. 달리는 자동차의 트렁크 속에서 루나가 의심스러운 눈빛을 빛내고 있는 줄도 모르고…….

루이는 편의점 손님들을 볼 때마다 입이 근질근질했다. 보스를 구한 일을 동네방네 떠들고 싶은데 기억이 나지 않았다.

"왜 아무것도 생각이 안 나지? 그냥 지어서 말할까? 사기꾼에게 납치당한 보스를 호이호이, 파파팟! 태권도와 킥복싱, 쿵후와 주짓수로 구출했다고."

마침 사건 현장에 있었던 라후드와 바바가 편의점에 들어왔다. 루이가 아우린의 정체를 의심할 만한 기억을 갖고 있는지 알아보기 위해서였다.

"마침 잘 오셨어요. 제가 그날 기억을 떠올려 봤거든요."

바바는 기억 제거 장치를 쥔 손에 힘을 주었다. 루이가 의심스러운 기억을 떠올리면 바로 제거한다.

"어때요? 제가 이렇게 싸웠나요? 슈퍼 영웅처럼요?"

루이는 하지도 않은 일을 진짜 한 것처럼 기가 막히게 지어냈다. 아우린들이 그 자리에 없었다면 루이의 말을 믿을 뻔했다.

"루이, 기억이 다 났구나. 그렇게 싸웠어. 정말 근사했어."

라후드는 거짓말로 루이를 칭찬했다. 아우린은 언제나 사실을 말하지만, 지구인 슈트를 입는 동안은 지구인처럼 거짓말을 해야 무사할 수 있다. 라후드가 가짜로 믿어 주는 것도 모르고 루이는 스스로에게 감동했다.

기억 제거 장치는 필요 없었다. 루이는 자신이 상상한 활약상을 이야기하면서 스스로 믿어 버렸다. 지구인의 불완전한 기억력은 외계인들에게 참으로 다행한 일이다.

얼마 뒤, 아우레 행성에 지구인 탐구 보고서가 도착했다. 아우레 시간으로 하루 간격으로 두 건이 들어왔다.

전혀 다른 판단의 보고서였다.

높은 이성의 아우린들은 상황을 논리적으로 판단하여 최선의 판단을 한다. 최선은 하나. 그러나 아우레 탐사대의 보고서는 정반대였다. 누구의 판단이 최선인지 머나먼 아우레에서는 올바르게 판단하지 못했다. 하지만 한 가지는 알 수 있었다. 탐사대에 분열이 일어났다는 것을.

"오로라의 요청을 받아들이자."

"지구에 머문 시간이 짧은 루나의 이성이 올바를 거야."

아우레 탐사대의 분열은 행성 지도부의 분열을 낳았다. 끝이 없는 토론으로 행성 지도부들의 이성이 지쳐 가던 그때, 새로운 보고서가 도착했다.

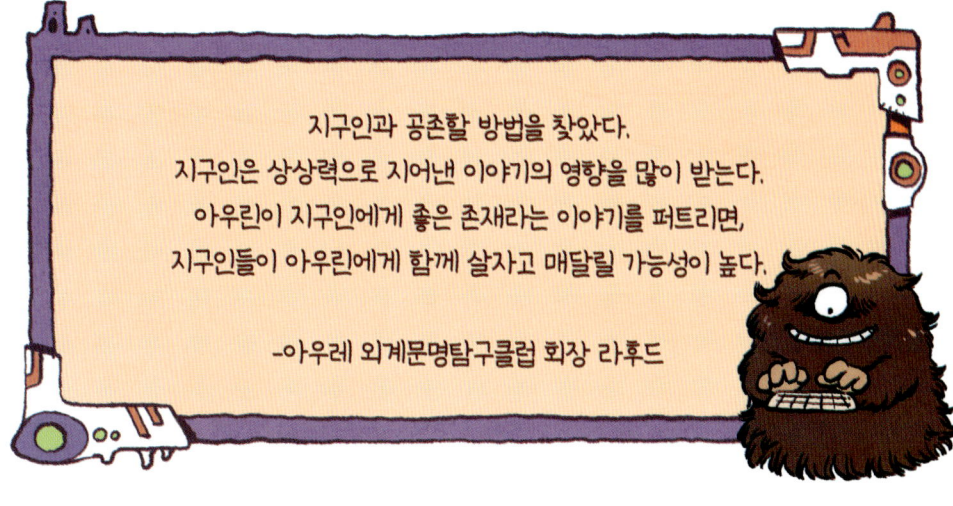

지구인과 공존할 방법을 찾았다.
지구인은 상상력으로 지어낸 이야기의 영향을 많이 받는다.
아우린이 지구인에게 좋은 존재라는 이야기를 퍼트리면,
지구인들이 아우린에게 함께 살자고 매달릴 가능성이 높다.

-아우레 외계문명탐구클럽 회장 라후드

행성 지도부들은 곧장 최선의 판단을 하였다.

탐사대에게 알린다.
당장 아우린의 이야기를
지어내서 지구에
널리 퍼트릴 것.

이 책을 만든 사람들

정재승 기획

KAIST에서 물리학으로 학사, 석사, 박사 학위를 받았습니다. 예일대학교 의과대학 정신과 박사후 연구원, 고려대학교 물리학과 연구교수, 컬럼비아대학교 의과대학 정신과 조교수를 거쳐, 현재 KAIST 뇌인지과학과 교수로 재직 중입니다. 우리 뇌가 어떻게 선택을 하는지 탐구하고 있으며, 이를 응용해서 로봇을 생각만으로 움직이게 한다거나, 사람처럼 판단하고 선택하는 인공지능을 연구하고 있습니다. 쓴 책으로는 <정재승의 과학 콘서트>(2001), <열두 발자국>(2018) 등이 있습니다.

정재은 글

프로젝트를 진행하는 동안 때로는 아싸로, 때로는 라후드로, 때로는 오로라나 바바로 끊임없이 정신을 분리하며 도서 전체의 스토리를 진행했습니다. 가 본 적 없는 아우레 행성과 직접 열어 본 적 없는 지구인의 뇌를 스토리 속에 엮어 내기 위해 엄청 열심히 공부를 해야 했습니다. 쓴 책으로 <똥핑크 유전자 수사대> <멘델 아저씨네 완두콩 텃밭> <미스터리 수학유령> 시리즈 등 다수의 어린이 책이 있습니다. 머릿속 넓은 우주가 어디로 펼쳐질지 모르는 창의력 뿜뿜 스토리텔러.

김현민 그림

일찍이 유럽으로 시장을 넓힌 대한민국의 만화가. 대학에서 산업디자인을 전공한 뒤 어릴 때 꿈을 찾아 만화가가 되었습니다. 프랑스 앙굴렘 도서전에 출품한 것을 계기로 프랑스 출판사에서 <Archibald 아치볼드>라는 모험 만화를 만들고 있습니다. 인간이 아닌 괴물이나 신기한 캐릭터 등 상상력을 발휘할 수 있는 그림을 좋아합니다. 몸은 지구에서 벗어날 수 없지만, 머릿속은 항상 우주의 여행자가 되고 싶은 히치하이커.

이고은 글

지구인들의 심리를 과학적으로 설명해서 보여 주는 것이 취미이자 특기인 인지심리학자. 부산대학교에서 심리학으로 학사, 인지심리학으로 석사와 박사 학위를 받은 뒤, 강의와 연구를 하고 있습니다. 과학 웹진 <사이언스온>에서 '심리실험 톺아보기' 연재를 시작으로 각종 매체에 심리학을 소개해 왔으며, <마음 실험실>(2019)을 펴낸 과학적 스토리텔링의 샛별.

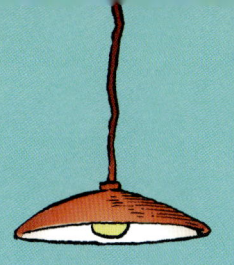

8권
미리보기

다음 이야기가
궁금한 친구들을 위해
살짝만 들려줄게요!

지구인을 제거할
새로운 방법을 찾았다!

바로… 빨간색으로 이름 쓰기?

'카페 마감 시간이 2분 38초 남았다. 곧 퇴근이다.'

평화로운 유에프오 카페의 오후, 라후드는 지구인처럼 퇴근의 기쁨을 느낀다. 하지만 그것도 잠시, 지구인은 외계인에 대한 위협을 멈추지 않는다.

"윤박, 이걸 카페 곳곳에 붙여. 북쪽의 기운이 좋으니 거기에는 특별히 두 개 붙여."

"이게 바로 외계인을 잡게 해 준다는 부적인가요?"

"그래. 점쟁이가 말하길 외계인이 제 발로 걸어 들어온다는군. 오기만 해 봐라, 외계이인!!!"

카페 곳곳에 붙인 노란색 부적이 바로 외계인을 잡아들이는 특별한 종이라고?! 라후드는 충격에 휩싸인다. 지구의 신비한 종이 때문에 정체를 들킬 수도 있겠어!

비슷한 시각, 다른 대원들도 수상한 소식을 접한다. 빨간색으로 이름을 쓰면 지구인이 제거된다, 불행을 부르는 행운의 편지가 있다 등등. 이런 비합리적인 이야기들이 '미신'이라는 사실을 모르는 아우린들은 점점 혼란스러워진다.

한편, 보스 납치 사건 이후, 탐사대원들은 서로의 이성을 의심하기 시작한다. 지구인을 제거해야 할까, 지구인과 공존해야 할까? 답도 없는 문제를 두고 다투는 동안, 본부 주변의 어둑한 숲에서는 정체 모를 불빛이 솟아오른다!

지구인들은 왜 보이지도 않고, 확실하지도 않은 미신을 믿을까? 서로를 믿지 못하는 아우린들과 아무거나 믿어 버리는 지구인들은 과연 함께 살 수 있을까?

아우린들이 관찰하는 지구인의 "미신" 이야기가 8권에서 이어집니다.

뇌가 말랑해지는 시간 1 140p 정답

탕탕면을 먹은 범인은 **오로라**!

라후드가 탕탕면을 가방에 숨겼다는 것을 알고 있으니까요. 지구인처럼 보이려고 거짓말을 연습했나요.

포스터 정답

정재승의 인간 탐구 보고서
07 인간은 타고난 거짓말쟁이다

기획 정재승 | **글** 정재은 이고은 | **그림** 김현민
사진 getty images bank, Shutterstock | **배경설계자** 김지선
포스터 자문 서울대공원 유인원관 서완범

1판 1쇄 발행 2021년 9월 8일
1판 9쇄 발행 2025년 11월 26일

펴낸이 김영곤 **펴낸곳** ㈜북이십일 아울북
기획개발 문영 이신지 **프로젝트4팀** 김미희 이해인 **디자인** 한성미
영업팀 정지은 한충희 남정한 장철용 강경남 황성진 김도연 이민재
제작 이영민 권경민

출판등록 2000년 5월 6일 제406-2003-061호
주소 (10881) 경기도 파주시 회동길 201(문발동)
대표전화 031-955-2100 **팩스** 031-955-2177 **홈페이지** www.book21.com

ⓒ정재승·김현민·정재은·이고은, 2021
이 책을 무단 복사·복제·전재하는 것은 저작권법에 저촉됩니다.

ISBN 978-89-509-8313-0 74400
ISBN 978-89-509-8306-2 74400 (세트)

책값은 뒤표지에 있습니다.
잘못 만들어진 책은 구입하신 서점에서 교환해 드립니다.

- 제조자명 : ㈜북이십일
- 주소 및 전화번호 : 경기도 파주시 문발동 회동길 201(문발동) / 031-955-2100
- 제조연월 : 2025.11.26.
- 제조국명 : 대한민국
- 사용연령 : 3세 이상 어린이 제품

너와 나, 우리들의 마음을 이해하게 도와줄
첫 번째 뇌과학 이야기
정재승의 인간 탐구 보고서 (1~18권)

❶ 인간은 외모에 집착한다
❷ 인간의 기억력은 형편없다
❸ 인간의 감정은 롤러코스터다
❹ 사춘기 땐 우리 모두 외계인
❺ 인간의 감각은 화려한 착각이다
❻ 성은 우리를 다르게 만든다
❼ 인간은 타고난 거짓말쟁이다
❽ 불안이 온갖 미신을 만든다
❾ 인간의 선택은 엉망진창이다
❿ 공감은 마음을 연결하는 통로
⓫ 인간을 울고 웃게 만드는 스트레스
⓬ 인간은 누구나 더없이 예술적이다
⓭ 인간은 모두 호기심 대마왕
⓮ 인간, 돈의 유혹에 퐁당 빠지다
⓯ 소용돌이치는 사춘기의 뇌
⓰ 사랑은 마음을 휘젓는 요술 지팡이
⓱ 음식, 인간의 마음을 요리하다
⓲ 이야기 공장 뇌, 오늘도 풀가동 중!

인류의 과거와 현재를 이어 줄
아우린들의 시간 여행!
정재승의 인류 탐험 보고서 (1~10권)

완간

❶ 위대한 모험의 시작
❷ 루시를 만나다
❸ 달려라, 호모 에렉투스!
❹ 화산섬의 호모 에렉투스
❺ 용감한 전사 네안데르탈인
❻ 지구 최고의 라이벌
❼ 수군수군 호모 사피엔스
❽ 대륙의 탐험가 호모 사피엔스
❾ 농사로 세상을 바꾼 호미닌
❿ 안녕, 아우레 탐사대!